インドの正体

「未来の大国」の虚と実

伊藤　融

防衛大学校教授

793

中公新書ラクレ

まえがき——ほんとうに重要な国なのか？

インドは、老若男女を問わず、日本人を惹きつけてきた国だ。悠久の文明遺産、仏教発祥の地、聖なるガンジスでの祈り、オールド・デリーやコルカタの混沌と喧騒……。

非政治的なイメージへの憧憬だけではない。リベラル勢力は独立の父マハトマ・ガンディーの非暴力主義や、初代首相ネルーの非同盟を模範と仰ぐ一方、右派は戦時期に日本軍と手を携えて反英・独立闘争を戦ったチャンドラ・ボース、東京裁判で日本人戦犯の無罪を主張したパール判事を礼賛してきた。そして台頭する中国への脅威が語られる今日、もうひとつの新興大国への期待が高まっている。折しもインドは、２０２３年には、中国を抜いて14億人超の人口世界一となることが見込まれ、世界主要20カ国・地域（G20）議長国として各国の閣僚、首脳を迎える。

この国への期待感はどこから生まれているのか？

曰く、まずなんといっても、インドは、われわれと同じように自由や民主主義の信奉者だ。中国への脅威認識もわれわれと共有している。ビジネス界からみれば、若年層の多い市場にはまだまだ伸びしろがある。最近の成長率は、いろいろと問題が露呈しはじめた中国を上回る。「チャイナリスク」を考えれば、いまこそインドへ投資先を移すべき時だ。つまり、インドはわれわれと価値と利益を共有する新たなパートナーであるはずであり、そういう関係を築くべきなのだ――。そうした主張が巷《ちまた》に溢れている。

ほんとうだろうか？　インドとちょっとでも付き合ったことのある人たちは、疑問に思うだろう。

2022年の日印首脳会談で、岸田首相は、今後5年間で5兆円ものインドへの投資目標をぶちあげた。そして、民間企業にもインドへの進出を強く促した。けれども、ビジネス界の反応は鈍い。インドといえば、劣悪なインフラ環境、州ごとに異なる複雑な法制度、旧態依然たる官僚制度といった印象が強い。文化や労働意識、経済格差を背景に、労働争議や土地取得に悩まされた企業も多い。2023年に完成する予定だったムンバイ−アーメダバード間の「新幹線」は、2022年になっても用地の確保さえ完了していない有様だ。「インドに投資を」と政府が旗を振っても、「インドほど食えない国はない」という実感をもつビジネス関係者は少なくない。

インドの重要性を早くから説いた政治家が、故安倍晋三元首相であった。安倍は2006年の著書『美しい国へ』のなかで、日本にとってのインドが将来、日米同盟を超えるパートナーになりうるとまで予言した。翌年には民主主義国で構成される日米豪印（クアッド）の協議が立ち上げられ、4カ国にシンガポールをくわえた大規模な海上演習も実施して、台頭する中国を牽制してみせた。

ところが、安倍と「ウマの合う」ナレンドラ・モディが首相になっても、インドは日本を含め、どの西側の国とも「同盟」を結ぼうとはしない。その一方で、G7やクアッドといった西側民主主義陣営の首脳会合に出たかと思えば、BRICSや上海協力機構（SCO）など中国、ロシアを含む枠組みにも相変わらずコミットをつづけている。インドはけっして西側の一員になったわけではない。

ロシアによる2022年のウクライナ侵攻は、その現実を西側に突きつけた。西側では、ロシアに対する非難と制裁の大合唱が起きているにもかかわらず、インドは国連、クアッドなどの多国間枠組みでも、日米などとの二国間協議においても、「中立」の姿勢を貫き、ロシアへの経済制裁への参加を拒絶した。そればかりかディスカウント価格が提示されたロシア産の原油輸入量を増やし、西側による制裁網への抜け穴さえ作っている。

そもそも、インドという国は、ほんとうにわれわれと価値や利益を共有しているのだろうか?

なるほど、インドはアジアの大半が経験したようなクーデター、軍事政権、開発独裁とはまったく無縁の国である。1947年の独立以来、複数政党がマニフェストを掲げて競い合う選挙が定期的に実施され、政権が形成されてきた。手続きの面からみるかぎり、インドが「世界最大の民主主義国」であることに疑いの余地はない。

しかし、である。日本のメディアの扱いはけっして大きなものではないが、インドといえば、およそ民主主義国では考えられないような話を、誰しも見聞きしたことがあるにちがいない。いまだ社会に根強いカースト制における不可触民(ダリト)への理不尽な差別、頻発する女性へのレイプ、ムスリム（イスラム教徒）など宗教的マイノリティへの迫害と暴力、カシミール等における野党指導者の拘束やインターネット規制……。

実際にインドに暮らしたことのある人ならば、本来なら学校に通っているはずの年齢の子どもたちが、行きかう車のあいだを炎天下、裸足で物売りする姿や、手や足を失った老人が路上で物乞いをつづけるさま、警官が無力な市民に対し大声で威嚇しながら警棒（あるいはたんに木の棒やムチ）を振るう場面に出くわしたことがあるにちがいない。「なんてひどい国だ！」と思ったことだろう。

選挙という市民の政治参加は、いったいなんのためなのか？　それはひとびとの人権、暮らしと命を守るためではなかったのか？　民主主義国というには、あまりにかけ離れた現実が、この国にはある。

中国やロシアへの包囲網に後ろ向きで、なおかつよく考えれば人権侵害が横行し、モディ政権下では権威主義的な傾向すら指摘されるインド。それなのになぜ、日本をはじめ、西側諸国はインドが重要な国だと主張し、関係を深めようとしたがるのだろうか？

およそ地域研究者というのは、自分の研究対象とする地域や国が重要だと主張するものだ。振り返ってみると、筆者もその例外ではなかったかもしれない。飯のタネになるからだ。日々の新聞やテレビ、書店に流通するインド本をみていても、インドは経済的にも、外交・安全保障においても、われわれの重要なパートナーだ、と当然のように語られている。これに対し、本書は、インドはほんとうに重要な国なのか？　そもそも、われわれと価値や利益を共有しているのか？　このような、これまで当然視されてきた前提自体から問い直してみたい。そのうえで、もしインドがわれわれにとって、価値や利益を共有しないところがあり、じつは「厄介な国」ならば、この国と付き合わない、という選択肢がありうるのかということにまで踏み込んで考えてみよう。

目次

図表作成／明昌堂
写真撮影／特記を除いて著者
本文ＤＴＰ／今井明子

インドの正体

「未来の大国」の虚と実

序章

「ふらつく」インド

ロシアのウクライナ侵攻をめぐって

西側の結束と世界の分断

おそらく、クアッドのなかで少しばかりふらついている（shaky）のは、インドだけだ。日本も、オーストラリアも、プーチンの侵略への対処には、きわめて強い姿勢で臨んでいる。

（米ホワイトハウス・ウェブサイトより）

2022年3月21日、バイデン米大統領はこのように、アメリカと行動を共にする日豪両国を称える一方で、インドへの不満を表明した。

ロシアによるウクライナ侵攻は、世界を結束させるのと同時に、その分断も加速化させたようだ。「アメリカ・ファースト」を掲げたトランプ前政権期に広がっていたアメリカとヨーロッパの不協和音は消え去った。アメリカは、ヨーロッパの同盟国、北大西洋条約機構（NATO）を中心として、日本、オーストラリアなども巻き込み、プーチンという明確な侵略者からウクライナを救い出そうと呼びかけた。これに応えた各国は、それぞれのできる範囲で兵器を供給し、避難民支援を提供し、ロシアへの経済制裁を発表した。西側陣営の結束が復活したのである。

ところが、それは世界の結束を意味したわけではなかった。たしかに侵攻開始直後の国連総会では、141カ国がロシア非難決議案を支持した。他方で、西側が主導したロシアへの経済制裁に参加した国は、30カ国余りにすぎない。アジアでは日本、韓国、シンガポールくらいのものだ。世界人口の大半を占める新興国や途上国は、ロシア制裁に同調しようとしなかった。むしろ、西側による制裁のせいで世界の燃料・食糧価格が高騰したではないか、ただでさえコロナ禍で疲弊していた脆弱な国内経済が破綻の危機に晒されていると訴える。西側先進国間の結束とは裏腹に、西側先進国と、いわゆる「グローバル・サウス」とのあいだでは分断が深まったようだ。

棄権するインド、拒否するインド

この点で、アメリカを中心とした西側の期待をことごとく裏切った国が、インドだろう。近年のインドは、日米豪印4カ国枠組み、「クアッド」の一員として、西側への傾斜を強めてきた。西側のなかでは、インドは準同盟国のような存在にまで高められていた。２０２０年からは海上合同演習「マラバール」が、クアッド構成4カ国で実施されるようになり、クアッドの枠組みは２０１９年には外相会合、２０２１年からは首脳会合にまで格上げされた。いまやインドは、インド太平洋地域における、西側の欠かせないパートナーになっている——はずだった。ところが、である。ロシアのウクライナ侵攻をめぐって、インドは西側とはまったく異なる態度をとりつづけた。

侵攻直後の２０２２年2月25日、インドはみずからが非常任理事国として出席した国連安全保障理事会に提出された西側主導のロシア非難決議案を、中国などとともに「棄権」した。圧倒的多数で採択された前述の国連総会での3月2日の決議案にも、インドが同調することはなかった。安保理につづき、総会においてもロシア非難決議案に棄権票を投じたインドに対し、翌3月3日にはクアッドの首脳テレビ会議が急遽開かれ、日米豪の3首脳は、インドのモディ首相に同調を呼びかけた。しかし、インドはその翌日の国連人権理事会で、またしてもロシア非難の決議案を棄権した。3月中旬以降も、岸田首相が年次首脳会談のために訪印した際に働きかけ、モリソン豪首相、ジョンソン英

安倍晋三首相（当時）とモディ首相。2019年６月、大阪で開催されたG20首脳会議の際の個別会談。読売新聞社提供

首相らも、オンライン・電話会談などで説得を試みた。それでも、モディ首相は頑として首を縦に振らなかった。

そうしたなか、４月、ひとつのニュースが日本に衝撃を与えた。ウクライナ避難民支援のため、国連難民高等弁務官事務所（ＵＮＨＣＲ）の要請で、インド・ムンバイの備蓄倉庫から支援物資を輸送することになっていた自衛隊機の受け入れを、インド側が土壇場で拒絶したというのだ。これは、日印当局者間のたんなる事務的な行き違いだったのか？　あるいは、高度な政治レベルにおけるインド側の判断だったのか？　真相は定かではない。ただ、一部報道によれば、ロシアへの配慮の必要性から、インド側が「閣僚レベルで」拒否したという（『読売新聞』２０２２年４月27日付朝刊）。

日印関係は、安倍政権期には「特別戦略的グローバル・パートナーシップ」にまで格上げされた。2020年には、自衛隊とインド軍のあいだで、物資や役務を融通するための、物品役務相互提供協定（ACSA）まで締結している。人道目的の輸送オペレーションを行う自衛隊機の受け入れすら、ダメだというのであれば、日印の有事の際の防衛協力など、ほんとうにできるのだろうか？　そうした疑問が湧いて出てくるのは当然だろう。

ロシアはパートナー

要するに、ロシアはインドにとって、それだけ大事な国だったということなのだ。インドとロシアとの関係は、冷戦期からの「時の試練を経た関係」といわれる。1971年、インドは当時のソ連と「平和友好協力条約」を結んだ。日本を代表するインド外交研究者の堀本武功は、これは事実上の「印ソ同盟」を意味したと論じている。公式には「非同盟」を放棄したわけではなかったが、当時のインディラ・ガンディー首相の頭のなかに、敵国パキスタンとの3度目の戦争を前に、中国やアメリカの介入を阻止したいという目算があったのは間違いない。この第3次印パ戦争も含め、ソ連は国連安保理では、インドの不利益となるような決議案には、常任理事国としての拒否権まで発動し、インドの立場をつねに支持してくれた。インドにとって、ロシアという国は、日本やアメリカなどよりも、ずっと昔からの信頼できるパートナーなのだ。

軍事的には、インドはライフル銃から、戦車、戦闘機、潜水艦に至るまで、大量の兵器をソ連／ロシアから購入してきた。その割合は、いまだにインド軍の使用兵器の6割超にも及ぶ。しょっちゅう墜落事故が報じられ、「空飛ぶ棺おけ」などとも揶揄されるソ連時代のMiG－21が、依然として現役で使われている有様だ。そんな状態だと、そう簡単にロシアとの関係を切るわけにはいかない、ということになる。

ただそれ以上に重要なのは、高まる中国の脅威と、ユーラシア大陸の地政学的変化の影響だ。詳しくは、第2章に譲るが、中国とパキスタンだけでなく、アフガニスタン、イラン、ミャンマーなど、インド周辺の国々の情勢は、ますますインドにとって好ましからざるものになりつつある。ユーラシア大陸のなかで、インドは、四面楚歌の状態にあるといってもいいくらいだ。そうした状況下で、ロシアまで敵に回して、孤立したくはない。そういう思いが、ロシアへの配慮の背景にはある。

そうなると、ロシアのウクライナ侵攻でインドに同調を求めることは不可能。しかし、だからといって、インドをこれ以上ロシアの側に追いやるのは避けたい。それになんといっても、中国という、西側にとってのより大きな脅威を考えれば、インドをこちら側に引き寄せておくことは不可欠だ。2022年5月24日の東京でのクアッド首脳会合までには、日米豪の首脳はそうした認識で一致していたものと思われる。

インドにとってクアッドは元来、インド太平洋地域における中国の影響力拡大に対して、自由や民主主義の価値を共有する4カ国が、政治・経済的な連携を強める枠組みの「はず」であった。それは2021年9月に米英豪が立ち上げた「オーカス」(AUKUS)のような軍事同盟ではなく、非軍事的に中国を牽制するものとして期待されていた。ところが、ロシアのウクライナ侵攻を受けて、日米豪はクアッドでもロシア問題を取り扱おうとしはじめた。ロシアとの関係を切り捨てたくないインドとしては、それは困る。だから、モディ首相は、クアッドの首脳テレビ会議でも、ロシア非難を共同発表に盛り込むことを拒否した。

このままでは、クアッドは分裂してしまう。結局、日米豪首脳は、頑なインドのモディ首相の姿勢に折れた。東京会合で4首脳は、ロシア問題におけるインドとの立場の違いを認め合ったうえで、その違いを「脇に置く」ことにしたのだ。そしてその代わりに、インド太平洋地域における大規模なインフラ支援・投資や債務問題での協力、さらにはバイデン大統領の掲げるインド太平洋経済枠組み（IPEF）など、対中国を意識した経済連携強化にクアッドの意義を見出すことでその結束を確認した。4首脳は、このようにして互いの利益の一致するところに回帰することで関係修復に成功した。しかしロシア問題で露呈した日米豪とインドとの溝は、今後もクアッドならびに西側各国とインドの2国間関係の「限界」として残存しつづけるだろう。

異例の物言い

ただ誤解のないようにしておきたいのは、インドがロシアのウクライナ侵攻を「支持」したわけではない、ということだ。インドは安保理であれ、総会であれ、ロシア非難決議案に「反対」したのではなく、あくまでも「棄権」したにすぎない。その点では北朝鮮やシリア、ベラルーシなどのような、ロシアと完全に行動を共にした国とは異なる。

さらに注目すべきは、棄権票を投じる際の「投票説明」だ。インドのティルムルティ国連大使は、今回の事態に「非常に困惑」し、ウクライナに残る多くのインド人留学生の安全を懸念しているなどと述べ、ロシアへの不快感を隠さなかった。実際、インド外務省は、ウクライナ在住の2万人ものインド人に対し、開戦するまで退避勧告を出していなかったのだ。大使の発言には、侵攻を考えていないというロシア側のそれまでの説明を信じていたのに、裏切られたという憤りが込められている。

それればかりか、大使は、ロシアを名指しこそしなかったが、国際法や各国の主権と領土一体性は尊重されるべきであると明言している。これは実質的には、力による現状変更を試みたロシアの「行動」を批判したに等しい。さらに、外交の道が放棄されたことは遺憾だとして、外交と対話による平和的解決に戻るよう求めた。

過去を振り返ってみると、インドは1979年からのソ連のアフガニスタン侵攻の際には、国連総会でソ連の立場を擁護する演説を行った。2014年のロシアによるクリミア併合の際には一切のコメントを控えた。棄権票という投票行動だけをみれば同じだが、冷戦期からの友好国ロシアに対して、インドがここまで厳しい注文を付けたのは異例なのだ。

それはインドにとって、ロシアがいまや唯一の選択肢ではなくなったことが背景にある。かつてのインドは、当時のソ連くらいしか味方になってくれる大国はなかった。ところが、いまでは日本やアメリカなど西側諸国も、インドとの関係を重視し、こぞって接近してくる。インドからすれば、「よりどりみどり」の状態だ。冷戦期のつながりから、兵器などではまだロシアに依存する部分が多いとはいっても、新しいものは西側の兵器も増えている。インドとしては、ロシアに文句が言いやすくなったのだ。

折しも、中国人民解放軍は、２０２０年からインドとの実効支配線で軍事攻勢を強めていた。中国との軍事衝突と対峙がつづくなかで、ロシアの力による現状変更を容認するようなメッセージを発することはできない。インドに対して同様の侵略行為をしても許されるのではないか、と中国側に思わせるわけにはいかないからだ。そうした事情も、インドのロシアに対する異例の「物言い」につながった。

モディ首相の挙動

それでも、「インド太平洋」における価値を共有するパートナーとしてインドを重視し、その取り込みを図ってきた西側の指導者、政策立案者からすると、今回のインドの姿勢は失望以外の何物でもなかった。「ソ連に近い非同盟の国」という、かつてのポジションに、インドは先祖返りしたのではないか。そんな落胆も聞かれた。

その後も、西側がロシア制裁を強化するのを横目に、インドはディスカウントされたロシア産の原油を「爆買い」し、さらにはそれを精製して他国に転売までしているとの報道まで出てきた。インドのジャイシャンカル外相は、ヨーロッパのほうがロシア産の原油や天然ガスを買っているではないかなどと反論した。けれども、原油価格高騰のなかでインドが安いロシア産の購入量を増やしたのは間違いない。戦争がはじまるまで、インドにとっての主要な原油調達国は、サウジアラビアやイラクのような近隣の中東諸国で、ロシア産原油の占める割合は全体の1パーセントにも満たなかった。ところが、2022年10月には、ロシアが最大の調達先となったのだ（図表1）。

インドはどうなっているんだ！　そういう苛立ちが、バイデン米大統領はじめ、イン

図表1　インドのロシア産原油の輸入量（1日当たり）

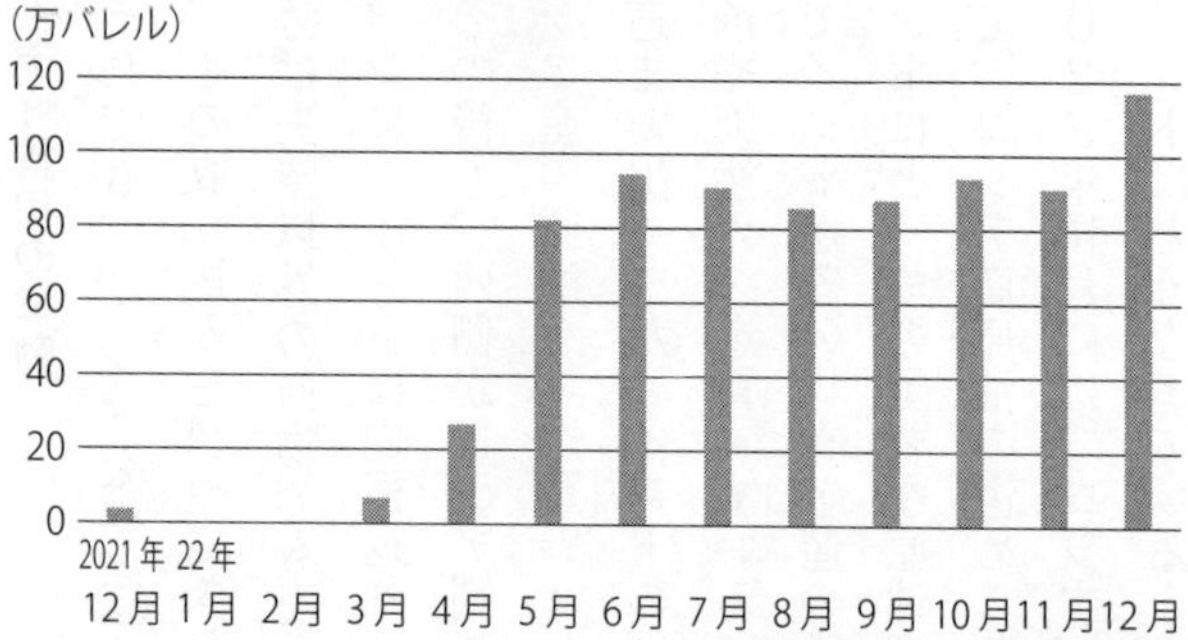

出所）　Vortexaのデータより筆者作成

ドとの関係強化を唱えてきた西側各国首脳、外交・安全保障関係者、メディアから聞かれるようになった。

そうしたなかで、２０２２年９月、ウズベキスタン・サマルカンドで開かれた上海協力機構（ＳＣＯ）首脳会議の際に、モディ首相がプーチン大統領と行った個別会談での発言が注目を集めた。モディ首相は、テレビカメラの入った会談冒頭で、つぎのように直言したのだ。

> 今日の時代は戦争の時代ではない。民主主義、外交、そして対話、そういうものが世界を動かす、とわたくしどもはあなた方に何度も電話で伝えてきた。

日本を含め、西側のメディアでは、「モディがプーチンに苦言を呈した」として、インドは、これまでのロシアに配慮した中立の立場を変えようとしているのではないか、といった期待感が広がった。フランスのマクロン大統領は国連総会の演説で、モディ首相の発言は正しいと称賛した。アメリカでも、サリバン国家安全保障問題担当大統領補佐官が歓迎の意を表明した。

モディ首相とプーチン露大統領の会談。2022年9月、ウズベキスタン・サマルカンドで開かれた上海協力機構（SCO）首脳会議の際の個別会談。ロイター／アフロ提供

ところが実際には、インドはなんら変わっていなかった。モディ発言直後、ロシアがその占領地域で一方的に実施した住民投票を非難する決議案が、国連安保理に提出された。すると、インドはこれまで通りの「投票説明」でもって、棄権票を投じたのだ。

そもそもよく考えてみれば、外交と対話の重要性を説いたモディ発言というのは、戦争開始以来、インドが国連等で表明してきた立場を繰り返したもの

にすぎない。つまり、ロシアを名指しして非難することや、ロシア制裁に参加することは避ける一方で、ロシアがいま行っている侵略と戦争行為は支持せず、戦闘終結を求めるということだ。結局のところ、この一幕は、インドに対する西側の批判をかわそうとする、モディのパフォーマンスだったとみるべきだろう。

この姿勢は、2022年11月にインドネシア・バリで開催された主要20カ国・地域首脳会議（G20サミット）にも引き継がれた。サミット初日、モディ首相はウクライナでの戦争が世界の貧しい市民を苦しめているとしたうえで、ロシアへの名指しを避けながらも、停戦して外交の道に戻るよう求めた。ロシアを非難するのではなく、戦争と西側の制裁がもたらした経済苦境を問題視するインドの主張は、先進国以外の大半のG20諸国の共感を得るものでもあった。インドは明らかにみずからを、「グローバル・サウス」の側に位置づけたのだ。

難航が予想されたサミットの首脳宣言は、議長国インドネシアの尽力で、なんとか取りまとめられた。しかし、インドが大きな役割を果たしたことは、発表された文書をみると明らかだ。宣言内には、「今日の時代は戦争の時代であってはならない」という、モディがプーチンに面と向かって発した言葉が引用された。さらに、ロシア非難よりも、現下の戦争が世界経済に及ぼす影響に焦点を合わせ、平和、対話と外交の重要性が謳われたのである。

このように、ロシアのウクライナ侵攻・戦争をめぐるインドの立ち位置は、西側のそれとはまるっきり違ったものだ。インドを重視してきた西側としては、落胆し、苛立つかもしれない。しかし、バイデン大統領が不満を漏らした「ふらついている」インドの姿というのは、いまにはじまった話ではない。筆者にいわせれば、そもそも、インドが「われわれの側」についていた、と考えること自体が間違っている。インドという国は、「どちらか」を選ぼうとしない。クアッドであれ、ロシアであれ、「どちらにも」関与することで、自分たちの利益を実現しようとする。そういう国なのだ。次章以下で詳しくみていこう。

第1章

自由民主主義の国なのか？

「価値の共有」を問い直す

「世界最大の民主主義国インドへようこそ」

日本とインドは、長い交流の歴史を通じて共有してきた、自由・民主主義・人権・法の支配といった普遍的な価値で結ばれ、戦略的利益を共有する「特別戦略的グローバル・パートナー」です。

（２０２２年3月19日『インディアン・エクスプレス紙（インド）への岸田総理大臣寄稿』）

わが国でインドとの関係の重要性が語られるとき、かならず登場するのが「基本的価値観の共有」という前提だろう。中国や北朝鮮、ロシアはどうみても独裁・権威主義体制だ。現在の韓国とは自由民主主義体制で親和性があるとしても、歴史認識ではわが国と大きな隔たりがある。こうした国々の向こう側にある大国インドは、われわれにとって理想的なパートナーのように映る。

なぜか？　まずなんといっても、インドは日本同様、第２次大戦後のアジアにおいて、一党独裁や軍事政権を経験したことのない稀有な国だからである。韓国や東南アジアの多くの新興独立国は、経済成長を錦の御旗にした「開発独裁」の道を採用した。けれどもインドは違った。その貧しい独立当初から、民主的な選挙を連邦、州、地方、村落のあらゆるレベルでつづけてきたのだ。たとえ一時であっても、ひとびとの生活を犠牲にするような政治が行われれば、そんなリーダーは選挙で淘汰されるはずだ。インド人のノーベル経済学賞受賞者、アマルティア・センは、独立後のインドにおいては中国などと違い、飢饉が起きたことはないとして民主主義の意義を評価している。

もちろんその結果として、上からの開発を強制的に推し進めた他国に比べて、インドは国家レベルの発展が遅れたのではないか、という議論もありえよう。大規模な外資でもって、農民から強制的に土地を買収し、空港や道路、電力施設、工場などを一気に建設するといったようなことは、この国では過去から今日に至るまで起こりえない話だ。トップを抱き込みさえすれば、なんとかなる国と比べると、この巨大な民主主義国でのビジネスは、一筋縄ではいかない。

それでもインドが評価されるのはなぜか？　それは自由民主主義の価値が、冷戦終焉により普遍化したと思われたにもかかわらず、その価値と相容れない中国の台頭がもたらすリスクを、西側の政治・経済の指導者がひろく認識しはじめたことによる。レアアースや半導体を中国に依存したサプライチェーンがいかに危ういものであるか、それはいまや多くの関係者が実感しているであろう。その意味で、中国とは対極にある、われわれと価値を共有すると思われる大国との関係が重要だと論じられるようになった。

パキスタンとのワガー国境にある「世界最大の民主主義国インドへようこそ」の看板

　この点でインドは、政治では独立以来、一貫して民主主義を守ってきた国だ。同じ英領インドから誕生したパキスタンは、これまで何度もクーデターを経験し、長期にわたって軍事政権がつづいた。そのパキスタンからインドに陸路で入ると、「世界最大の民主主義国インドへようこそ」という看板が出迎えてくれる。自分たちは中国やパキスタンとは違い、民主主義国なのだというのは、インド人の誇りのようだ。ただ、経済では、この国は長年にわたって閉鎖的で、社会主義的混合経済といわれる体制に固執してきたのも事実である。しかしそれも、1991年に大規模な自由化が行われ、規制緩和や外資の導入が図られた。その後も、経済自由化の流れは変わらなかった。とくに2014年に発足したモディ政権下では、製造業、卸売業、保険業、国防産業など、多くの分野で外資規制の撤廃や緩和が進んだ。いまや、政治だけでなく、経済体制においても西側にとって好ましい国になってきたのである。

アジアの一部で依然みられるような反日感情も、インドには存在しない。戦時中、日本軍はインド北東部のインパールへの侵攻を試みたものの、大失敗に終わった。結局、日本がインドを支配することはなかった。独立の父、マハトマ・ガンディーはたしかに、日本の中国支配や、ドイツ、イタリアとの三国同盟に疑問を投げかけた。ただそのガンディーも、ロシアに抗し、独立運動にとっての直接の敵であるイギリスと戦う、日本への期待感をのぞかせることもあった。さらにチャンドラ・ボースのように、日本軍と手を携えて独立をめざすインド国民軍の動きもあった。先の大戦をめぐっては、わが国は同盟国アメリカとのあいだでさえ、原爆投下や東京裁判などをめぐって、歴史認識を共有できているとはいいがたい。

そう考えると、インドほど、日本にとって価値観の一致する国はないようにみえる。

ニューデリーで胸を締め付けられる

これに対して、われわれがインドと価値観を共有している、というストーリー自体に違和感をもつ向きもあるだろう。そもそもインド人は、日本人とは対照的に自己主張が強いことで知られる。国際会議の司会者は、「いかにインド人を黙らせ、日本人に喋らせるか」が成功のカギだという有名なジョークもある。日本人からすると、あのヒンディー語訛りの英語、「ヒングリッシュ」で、堂々と、そして延々と話しつづける精神は理解しがたいところがあるだろう。しかも、しばしばインドの指導層や有識者からは、「われわれは世界大国へ向かっている」などといった声も聞かれる。ときに傲慢とすら感じるほどの自信に満ちた物言いの背景には、自分たちの文明や歴史に対する強い誇りがうかがえる。なんにおいても控えめで、自信がなく、周りに配慮することを美徳とする日本人とはかなり違っている。

また、かつて社会人類学者の中根千枝が、名著『タテ社会の人間関係』のなかで看破

ムンバイのドービーガート（屋外洗濯場）。ひとびとが手作業で洗濯をしている

したように、日本とインドは集団意識も対照的だ。インドの集団概念としては、なんといっても「カースト」が大きな意味をもつことは、よく知られている。日本では、カーストといえば、司祭階級のバラモン、武士階級のクシャトリヤ、商人階級のヴァイシャ、農民・サービス階級のシュードラの4階級と、その「枠外」におかれる不可触民のダリトの身分制を指すと考えられているようだ。これはカーストにおけるヴァルナと呼ばれる仕組みだ。しかし、現実のカーストはそれだけではない。むしろ、インドの多くのひとびとが意識するカーストとは、大工とか漁師、羊飼い、洗濯人（ドービー）といったような、数千ともいわれる職業と結びついたジャーティである。婚姻も同じジャーティのなかで行われることが多く、ジャーティ

はインド人のカースト意識の中核にあるといってよい。

中根は、会社のような「場」への所属を重視する日本とは対照的に、インドのカーストは「資格」の一種であり、同じ「資格」をもつ者のあいだでは対等だという意識が強いと結論づけた。たしかに、研究会で若手研究者が大御所に対してモノ申す、という光景は、インドではそう珍しくない。日本であれば、「空気を読まない奴」と切り捨てられるのだろうが。どうみても、日本人とインド人のあいだには、同じ「アジア人」として括ることができないほどの違いがある。

民主主義とか自由といった社会的な価値観を共有しているかどうかとなると、もっと疑わしいと思うかもしれない。インドは古くからのカースト制にもとづく身分差別が根強く、女性に対する暴力もまん延している社会なのではないのか？　中国やパキスタンなど他国に対してだけでなく、国内で異論を唱えるようなひとびとに対しても、すぐに銃口を向けるような国ではないのか？　自由化したとはいっても、長期にわたった規制だらけの社会主義経済の影響が色濃く、根本的にはいまでも腐敗や汚職がはびこる体質は、変わっていないのではないか？

そういった問いは、インドに行ったことのない人でも、なんとなく浮かんでくるだろう。しかし実際に旅をし、暮らし、働いてみると、その疑問は解消されるどころか、さらに大きくふくらむようだ。筆者自身、今世紀初めにニューデリーの日本大使館で勤務していたとき、片手を失った老人が車の窓をトントンと叩いて物乞いをする姿を、毎日同じ交差点の真ん中で目にしたが、そのたびに、「この社会はどうなっているのか」と胸が締め付けられるような憤りを覚えたことを思い出す。また、初めてパキスタンとの係争地であり、分離武装勢力の活動するカシミールを訪れた際には、数十メートルおきにライフル銃を構えて並ぶ兵士の姿、抗議の声をあげる若者を容赦なく棒で殴りつける警官をみて背筋が寒くなった。

カシミールで見かけた治安部隊

私が赴任して1年半ほどたったころのことだ。私の直属の上司にあたる政務班長が新たに着任してきた（ちなみにこの班長はその後、複数の国で大使を歴任された方である）。

家探しや挨拶回りで外出先から帰ってきた彼は、執務室に入るなり大きなため息をついて私にこう問いかけた。「伊藤さん、この国って、ほんとうに民主主義なのかなあ？」キャリア外交官のあまりに直截な問いに、まわりの館員からは思わず笑い声があがった。しかし、よく考えてみると、深い問いである。永田町や霞が関で語られる「民主主義国インド」と、現場の姿には相当の乖離があったのだろう。

この問いを投げかけられたころには、私は毎日出会う、あの老人のまなざしから自分なりの答えらしきものを感じ取っていた。私が勝手に心の底で期待していたような、社会や政治に対する憤りのようなものはそこにはなかった。それはみずからの運命を受け入れつつ、そのなかで日々を精一杯生きていこうとする姿のように思われた。

ここで、カーストについてもう少し詳しく触れるべきだろう。

よく考えてみれば、インドにおけるカーストは「生まれ」であり、ひとびとは長く、みずからの置かれたその「生まれ」を甘受して暮らしてきた。それはさまざまな矛盾を抱えた巨大な国のなかで、社会を安定化させる装置として、つまり社会秩序として機能してきたのではないか。だとすれば、現代のわれわれの目線からは、議会や政府の失政、あるいは不作為に映る貧困や差別が、インドの誇る民主主義制度と共存してきたとしても不思議はない。

長くインド政治を研究してきた広瀬崇子が指摘するように、インドでは民主主義を、生活を改善する「手段」としてとらえるよりも、それ自体を「目的」としてとらえる傾向が強かった。言い換えれば、民主主義にとって大切なのは、選挙などの手続き・制度なのであって、それさえしっかりしていれば、自由や平等が達成されたかどうかは問題にならない、という話だ。

もっとも今日では、識字率を含め、教育の進展やメディアの普及に伴って、ひとびとの意識には徐々に変化も生じている。いくつかの州においては被差別・後進カーストを基盤にした政党が台頭した。最貧困州として知られるビハール州の農村を研究した中溝和弥は、選挙によって最底辺のひとびとが政治権力を奪取する「下剋上」が起きたと論じている。インドでも、自分たちの暮らしを良くするための政治参加という考え方が広がりつつある。

ヒンドゥー・ナショナリズムの台頭

ところが、である。現在、「インドはほんとうに自由民主主義の国か？」という疑問が新たに問われはじめている。それは貧困や差別などの社会矛盾が解消されていないから、というわけではない。インドが誇ってきたはずの自由民主主義の「制度」そのものが、破壊されつつあり、いまや危機に瀕しているとの問題認識である。インドを長年観察してきたイギリスの研究者は、「インドはもはや自由民主主義ではない」と、２０２２年に、ある研究会で筆者に嘆いた。いったいどういうことなのか？

疑いをもってみられているのは、２０１４年に発足したナレンドラ・モディ・インド人民党（ＢＪＰ）政権下で進む、国内政治社会の変質である。インドでは、独立以来、一部の時期を除いてジャワハルラル・ネルーや、その娘のインディラ・ガンディー、その息子のラジーヴ・ガンディーら国民会議派が長期にわたって政権を維持してきた。民主的な競争はあるものの、同一の政党が政権を担ってきたという点では、日本の自民党による55年体制とよく似た一党優位体制であった。インドの政治学者、ラジニ・コタリは、とくにネルーの時代の国民会議派が少数派を排除して数の力で押し切ったりせず、国内のさまざまな声を集約する力をもっていたことを、「会議派システム」と呼んで、肯定的に評した。

さらに重要なことは、国民会議派がインドに混在する諸宗教を対等に扱い、政治利用することを慎む、セキュラリズム（政教分離主義）を国是としたことだ。ヒンドゥー教徒が人口の8割を占めるとはいえ、インドのムスリムの人口規模は、インドから分離独立したパキスタンやバングラデシュに匹敵する。ムスリムなどのマイノリティを疎外するような政策は、国民統合の観点からすべきではない、というのがインド政治の主流の考え方であった。

この「常識」に真っ向から挑戦した政党が、BJPである。同党は、あのマハトマ・ガンディー暗殺犯、ゴドセを生み出した過激なヒンドゥー宗教団体、民族奉仕団（RSS）を主要母体として創設された。BJPは、セキュラリズムの国民会議派に対して、ヒンドゥー教徒を中心とした強いインドをつくると主張して、1990年代以降躍進しはじめた。ちょうどインドが自由化し、グローバル経済のなかに組み込まれていった時期と符合する。グローバル化が、ナショナリズムを刺激したとみることができよう。1

998年にヴァジペーイ率いる、BJPによる最初の本格政権ができると、インドはただちに核実験・核保有宣言を断行した。それでも、当時はヴァジペーイ政権の基盤が盤石とはいえず、連立パートナーの地域政党の力が強かったこともあり、実際上はヒンドゥー・ナショナリズムの政策はそれほど明確なものにはならなかった。

しかし、連邦でBJPが政権を担っているあいだに、地方で新たな世代の指導者が台頭した。その筆頭が西部、グジャラート州首相のナレンドラ・モディであった。モディは州内に外資を呼び込み、インフラを整備して州経済を成長させたと評価される一方、筋金入りのヒンドゥー・ナショナリストとしての顔もあった。その後者の側面があらわれたのが、多数のムスリムが犠牲となった2002年のグジャラート暴動である。ヒンドゥー過激派の乗った列車が放火されたことを引き金に、州内でヒンドゥー教徒がムスリムを襲撃した事件について、州首相としてのモディが関与したのではないか、少なくとも事態を放置したのではないかと疑われてきた。実際、いまでは信じられないかもしれないが、この当時、欧米諸国はモディへのビザ発給を拒否するほどだった。それでも、モディは自分こそがヒンドゥー教徒の守護者だと印象づけて人気を博した。モディ率いるＢＪＰは、暴動直後の州議会選挙で圧勝を果たし、その後も政権を維持しつづけた。

連邦ではＢＪＰは、２００４年総選挙で経済成長を実績に、「輝くインド」を掲げてヴァジペーイ政権の続投を目論んだ。しかし成長の陰で、国民のあいだには格差拡大への不満も広がっていた。結局、ＢＪＰは農村・貧困層の支持を得られず、敗北を喫して下野する。ここからマンモーハン・シン国民会議派連立政権が、２期10年間つづくことになる。そこで、ＢＪＰが政権奪還の切り札として、２０１４年総選挙に向けて白羽の矢を立てたのが、グジャラート州で圧倒的な支持を集めつづけるモディであった。

「反撃」のモディ政権

当時はリーマン・ショック以降の世界経済低迷のなか、インド経済の成長も落ち込み、有効な対策を打ち出せない国民会議派への国民の不満が募っていた。そのなかでＢＪＰは、モディを首相候補とし、彼のグジャラート州での成功モデルこそが、インド経済を浮揚させるとの期待感を国民に抱かせる戦略を採用した。その結果、ＢＪＰは連邦下院の単独過半数を獲得する圧倒的勝利を果たした（図表２）。インド総選挙でひとつの政

図表２　総選挙でのインド人民党（BJP）と国民会議派の獲得議席数

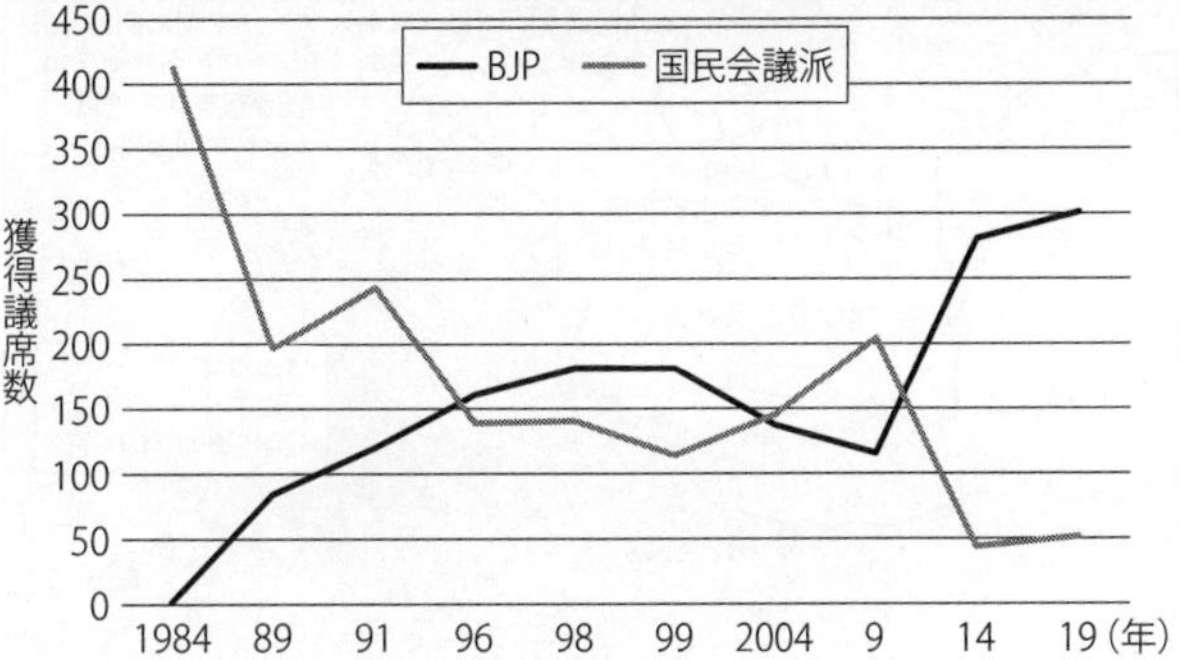

出所）　インド選挙管理委員会ウェブサイトより筆者作成

党が単独過半数を獲得するのは、30年ぶりのことであり、もちろんＢＪＰとしては初の快挙であった。

こうしてできた政権では、モディ首相とその側近の影響力が絶大なものになるのは当然であった。日本にたとえるならば、「郵政解散」後の小泉政権の状況に近い。内外の主要政策は首相府主導のトップダウンで進められた。ところが、期待された経済再生のほうはというと、そう簡単ではなかった。モディ首相は「メイク・イン・インディア」のスローガンを掲げ、各国に投資を呼びかけた。ところが、製造業振興策に不可欠とみられた土地収用法や労働法改正は、連邦上院で与党が過半数に満たない状況から、成立が先送りされつづけた。足元での物価上昇や失業に対する国民の不満も強く、任期満了前に行

図表3　インドとパキスタン

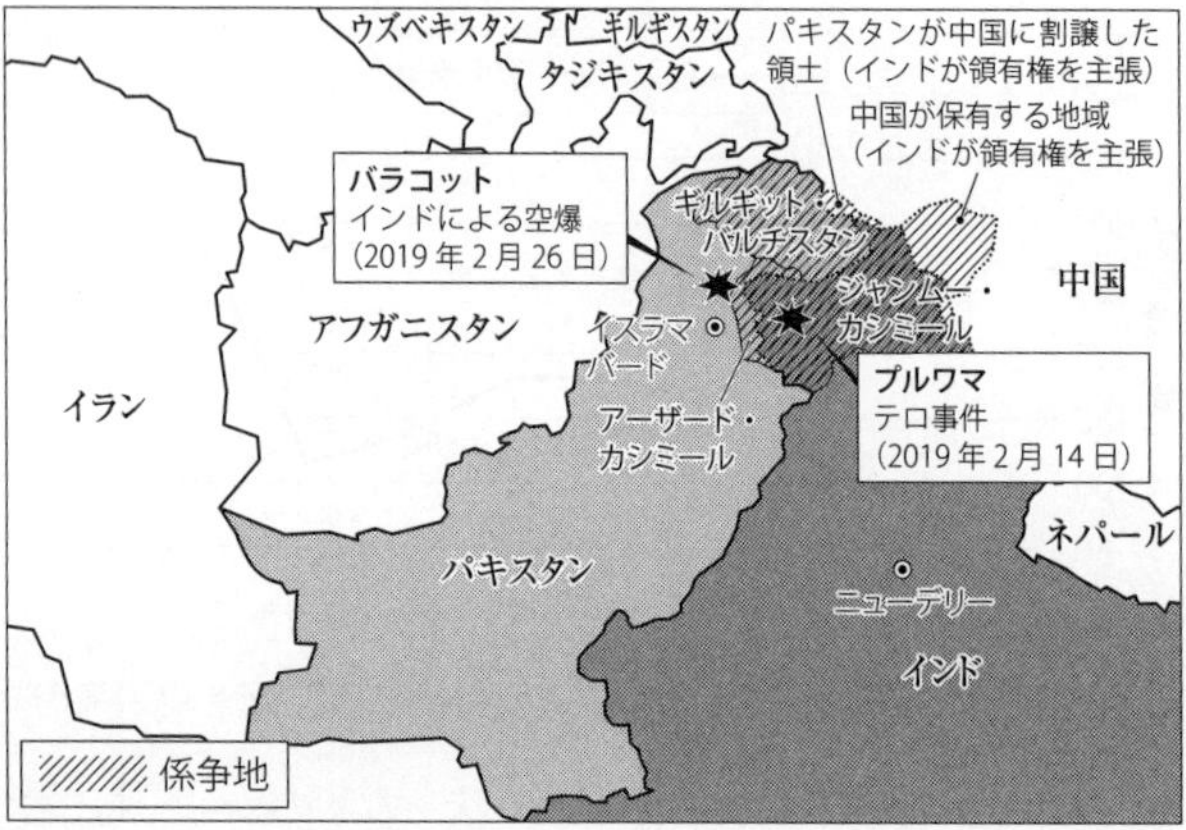

われた州議会選挙では、ＢＪＰは複数の州で苦杯をなめた。

潮目が変わったのは、２０１９年２月にジャンムー・カシミール州プルワマで起きた治安部隊へのテロ事件である。これを、パキスタンに根拠地をもつイスラム過激派組織、ジャイシュ・エ・ムハンマド（ＪｅＭ）の犯行と断定したモディ政権は、パキスタン領内に１９７１年の第３次印パ戦争以来となる空爆を実施した。その後、両軍の戦闘機が空中戦を展開するなど、緊張が一気に高まった（図表３）。

ちょうどこのとき、筆者は国際会議のためにデリーに出張中であった。到着したデリーの空港でつかまえたタクシーの運転手は、「知ってるか？　ついにやったぞ！」と、溜飲を下げたかのように熱っぽく語りかけた。国際会議の場でも、モディ政権の「反撃」を支持する声が圧倒的であった。庶民も有識者も、多くの国民が、イスラム過激派のテロに断固として立ち向かう「強いリーダー」に熱狂しているようだった。その後もモディ政権は、対衛星破壊兵器（ASAT）の発射実験を行い、インドが宇宙の「チョキダール（門番）」になった、と喧伝するなど、国民のナショナリズム感情を巧みにくすぐってみせた。

強まるヒンドゥー国家建設の動き

そうしたなか、2019年5月、総選挙の結果が明らかになる。モディのBJPは、苦戦との当初予測をはねのけ、前回よりさらに議席を伸ばす圧勝を収めた。こうした一発逆転によって続投の決まったモディ政権が、その1期目と比べてヒンドゥー・ナショナリズム色を鮮明にするのは当然の展開であった。州首相時代からの腹心で、党総裁を任せていたアミット・シャーを内相に据えた第2期モディ政権は、露骨なまでにヒンドゥー国家の建設に乗り出す。

手始めは、ムスリムが多数を占めるジャンムー・カシミール州のインド連邦への完全統合であった。パキスタン、中国とのあいだで係争となっている同州には、これまで他の州にはない特別な地位と権限が付与されてきた。BJPはかねてより、この根拠となる憲法第370条の規定を問題視し、総選挙のマニフェストで撤廃すると宣言した。ムスリムが支配する「インドのなかの外国」の存在は許さない、というのが彼らの考え方であった。

けれども、まさかほんとうに、その公約を実行に移すとまでは、ほとんどの人が思っていなかった。ところが、2019年8月、モディ政権は、この条項の適用停止の大統領令と、ジャンムー・カシミール州を2分割して、それぞれ連邦直轄領とする案を連邦議会に提出した。なんの予告もなく、不意を突かれた野党側は足並みも乱れ、瞬く間に上下両院の通過を許すこととなった（図表4）。

突如自治権を奪われたあげく、切り裂かれたジャンムー・カシミール州に暮らすムスリムが反発を強めたのはいうまでもない。モディ政権は、反対派勢力を拘束したり、メディアやインターネットを厳しく規制したりして、これをなりふり構わず封じ込める姿

図表４　ジャンムー・カシミール州　分割前（上）と分割後（下）

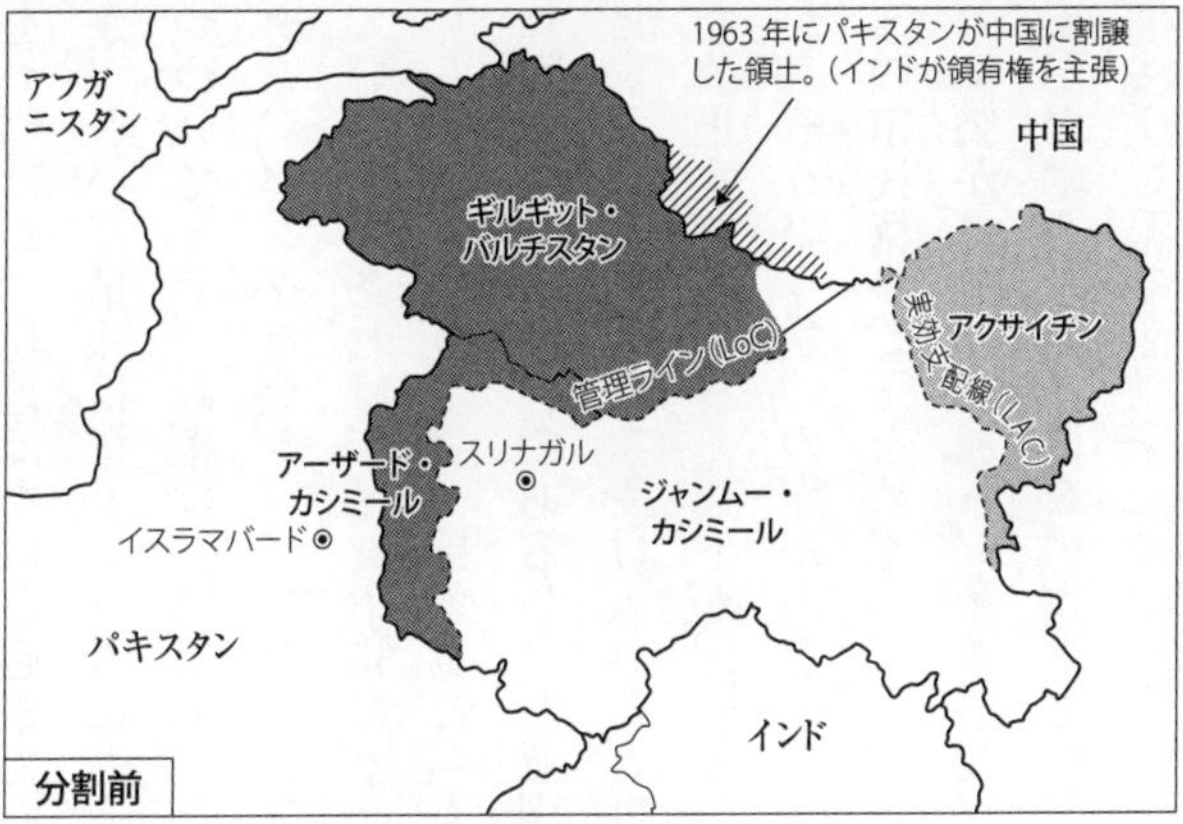

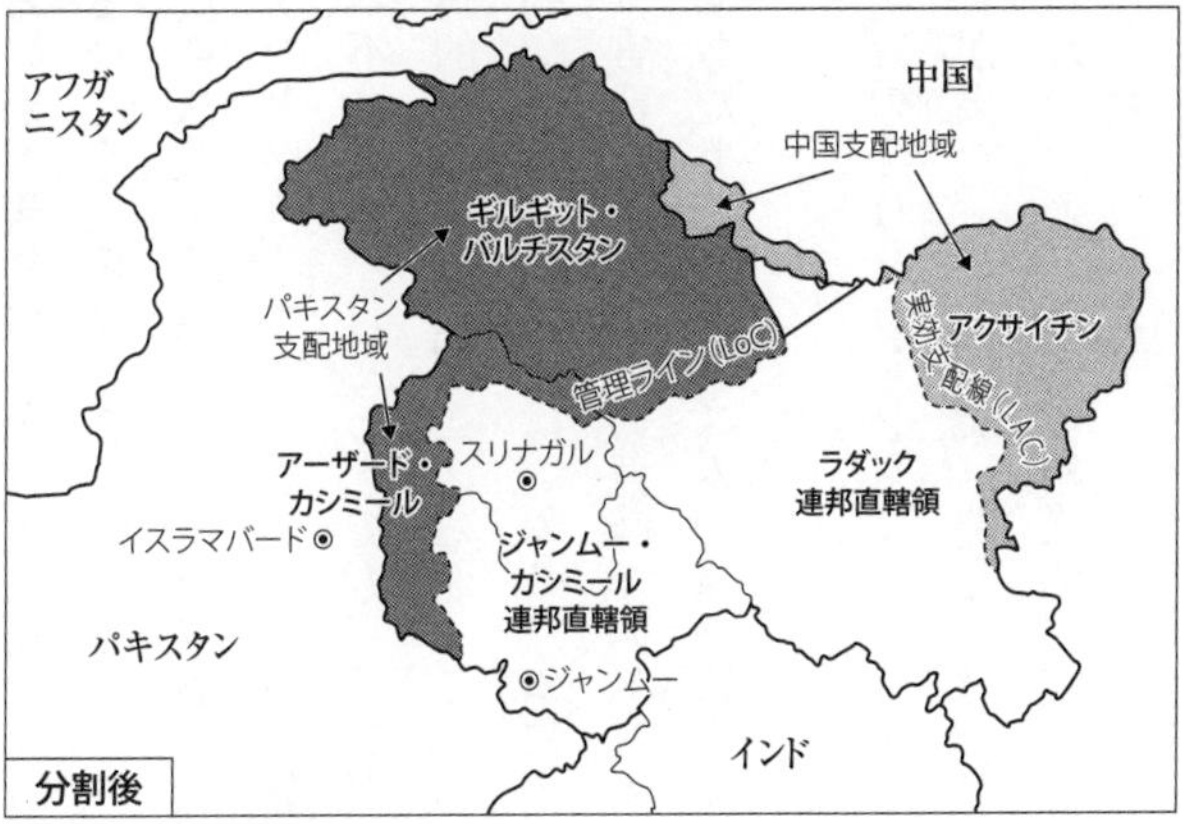

勢をつづけた。現地でなにが起きているのか、現地のひとびとがどのように思っているのか、という情報は、インド人にさえまったく入らなくなった。

つづいてモディ政権は、同年末、市民権法改正法案を可決・成立させた。これはパキスタン、バングラデシュ、アフガニスタンという、インド周辺国で「宗教的迫害」を受けていた者であれば、インドにたとえ「不法入国」したとしても、インドの市民権を付与するというものだ。一見すると「人道的」なように聞こえるが、これらの対象国はいずれもムスリム社会であることが意図的である。つまりは、ムスリムによって迫害されたヒンドゥー教徒らを受け入れるという宣言なのだ。その意味でムスリムに対して差別的な改正案であり、インドが国是としてきたセキュラリズムの原則にも反するのではないか。そういう疑いの声があがった。

この市民権法改正をめぐっては、年明けの2020年2月に、デリーで賛成派と反対派の衝突が暴動に発展し、多くの死傷者が出た。この衝突に関しては、BJPの地元政治家が扇動したのではないかとも報じられた。ところが、結果的に起訴されたのは、市民権法反対派の活動家だけだった。

このようなヒンドゥー国家建設への動きは、もはや司法界も巻き込みつつあるようだ。モディ政権は、１９９０年代以降、ヒンドゥー・ナショナリズムの波を生み出し、ＢＪＰが台頭する転換点となった紛争についても、みずからの主張通りの決着へと突き進んだ。ウッタル・プラデーシュ州アヨーディヤのラーマ寺院再建問題である。ヒンドゥー教のラーマ神を祀った同寺院は、ムガル帝国の時代に壊され、代わりにイスラム教のモスクが建てられたとされる。このモスクを、ＢＪＰ幹部を含むヒンドゥー・ナショナリスト勢力が１９９２年12月に暴力的に破壊したことを引き金に、インド全土での宗教間暴動へとつながった。以来、所有権をめぐって法廷闘争がつづいてきたが、２０１９年11月、インド最高裁判所は、ヒンドゥー教徒側に跡地の所有権を認める判決を下した。これを受け、ついに２０２０年８月、モディ首相自身も出席してラーマ寺院再建の起工式が行われた。

このように、モディ政権は、とりわけ２０１９年の２期目を迎えてから、ＢＪＰ元来のヒンドゥー・ナショナリズム路線を鮮明にしている。それはムスリムやジャンムー・カシミールなどのマイノリティに配慮し、その声を吸い上げてきた伝統的なインド民主主義との決別といってもいいだろう。代わって立ち現れてきたのは、数のうえで圧倒的に優位なヒンドゥー教徒とその価値を中心に据える「ヒンドゥー多数派主義」の政治である。

「部分的に自由」な国

もっとも、こうした「民主主義の退行」現象は、インドにかぎった話ではないのもたしかだ。ナショナリズム、ポピュリズム、権威主義の傾向は、今日の先進民主主義国においても懸念されている。トランプ旋風下のアメリカはその典型だ。それでもアメリカでは、トランプの脅しに屈することなく、政治家、裁判官、メディア、そして市民が、自由民主主義制度の破壊阻止のために立ち上がった。そしてその勇気と行動が実を結んだことは、2020年大統領選挙の結果が物語っている。もちろん、トランプ旋風再燃の可能性はあろう。しかしアメリカで、トランプ型政治に対する弾性力、民主主義への復元力がなくなることは考えにくい。

他方、インドはどうか。任期中のほぼすべての世論調査で、支持が不支持を下回って

図表５　モディ首相の支持率

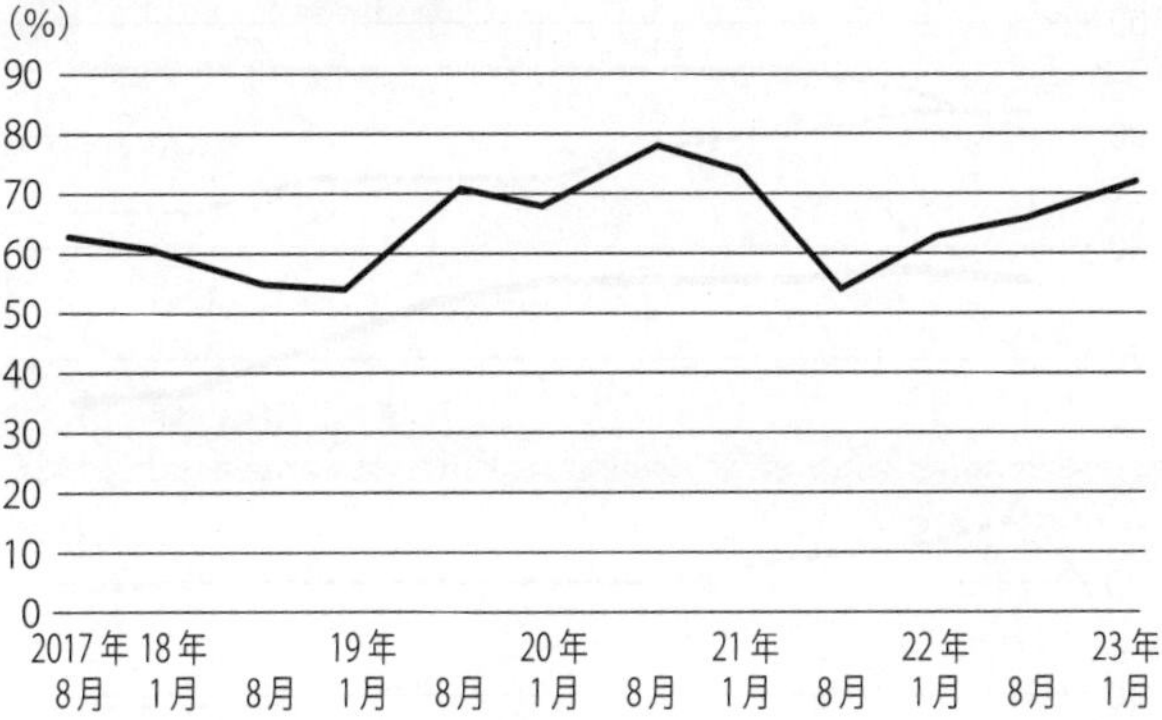

出所）India Today による "Mood of the Nation" をもとに筆者作成
注）「大変良い」、「良い」の合計

いたトランプとは対照的に、インド国民のモディとＢＪＰへの評価は総じて高い（図表5）。グラフをみると、２０１９年総選挙の前の１年ほどは、やや低下傾向がみられたものの、パキスタン側から仕掛けられたテロに断固たる姿勢を示してから急回復したことがうかがえる。その後、２０２０年６月に中国とガルワン渓谷で軍事衝突してからも支持率が急上昇している。多くの国民が、「強いリーダー」としてのモディに期待を寄せているのだ。国民会議派をはじめとする反対勢力としての野党が分裂状態で弱体化しており、モディの代わりになるリーダーが、国民にはまったく想像できない状況であることがその傾向に拍車をかける。こうしたこと

図表６　各国の自由度指数

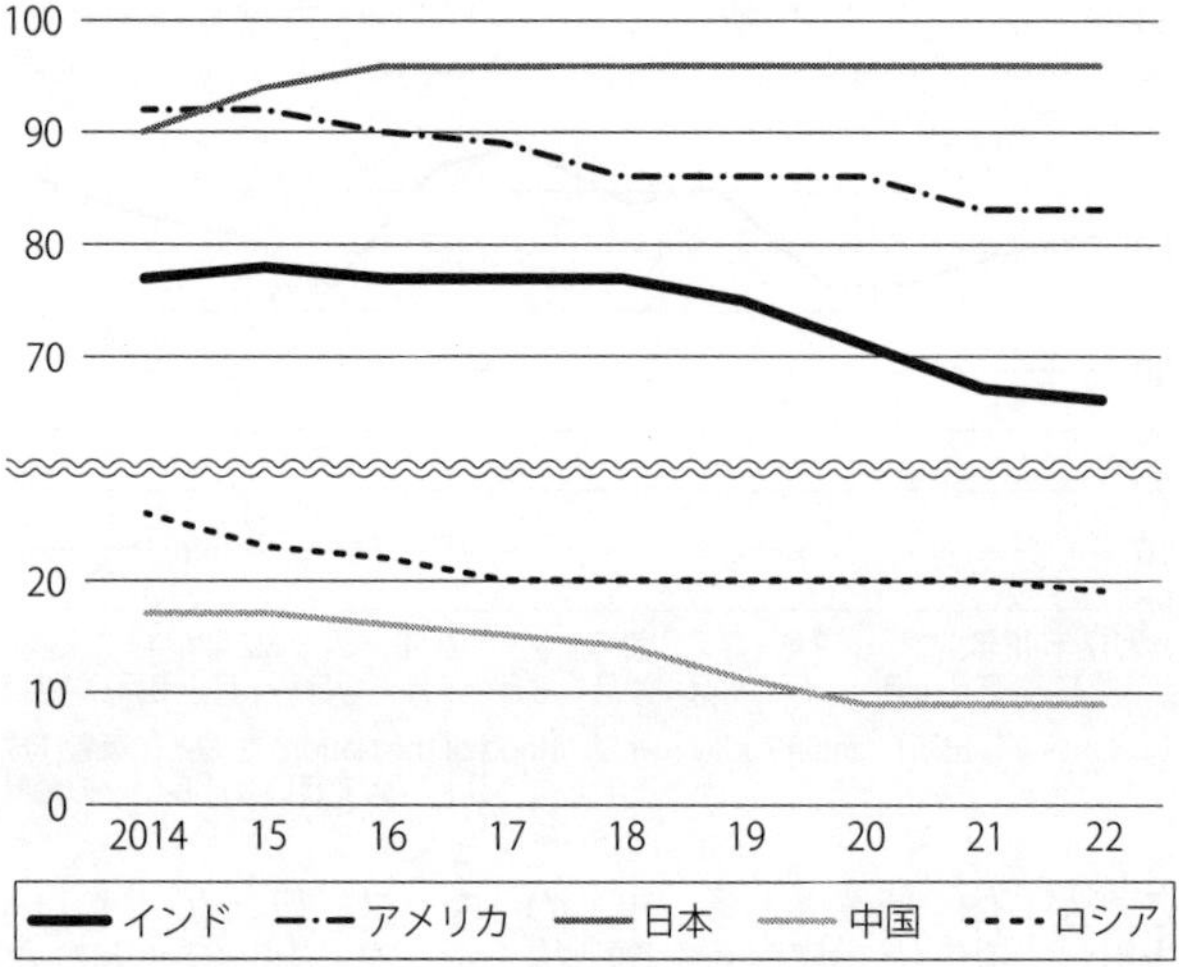

出所）米フリーダムハウス

から、いまやＢＪＰの一党優位体制が確立したという見方も少なくない。ＢＪＰ政権の強さは中長期に及ぶ不可逆的な流れではないかとみられているのである。

ここで問題なのは、かつての国民会議派の一党優位体制と違って、この体制がマイノリティの排除をためらわないというところにある。

この点は、世界のさまざまな調査・評価組織が指摘するところだ。まずは、よく知られている米フリーダムハウスによる自由度調査の推移からみてみよう（図表６）。２０１９年の第２期モディ政権前後から、インドが大きくポイントを下げていることがわかる。この調査は、大きく「政治的権利」と「市民的自由」の評価から構成されているのだが、とくに「市民的自由」の低下が著しい。しかも、フリーダムハウスの評点には、最も批判の強いジャンムー・カシミール情勢については、当地が係争地であることを理由として、評価の対象外となっているにもかかわらずだ。ジャンムー・カシミールでのモディ政権の一連の動きを含めた場合、インドの評価がさらに厳しいものになるのは想像に難くない。

２０２１年報告書からは、ついに60ポイント台に転落し、これまでの「自由」から、「部分的に自由」へと格下げされた。もちろん、ロシアや中国のような「自由でない」国に比べれば、はるかに「まし」なのは間違いないが、日本やアメリカとの格差は広がる傾向にある。

もっと辛辣なのは、スウェーデンの民主主義の多様性（Ｖ－Ｄｅｍ）研究所による「自由民主主義指数」だ（図表7）。こちらでは、２０２０年代のインドの自由民主主義度は、日本やアメリカの自由民主主義と、中国、ロシアの権威主義の中間程度にすぎないということがわかる。同研究所の報告書によれば、モディ政権下のインドでは、メデ

図表7　各国の自由民主主義指数

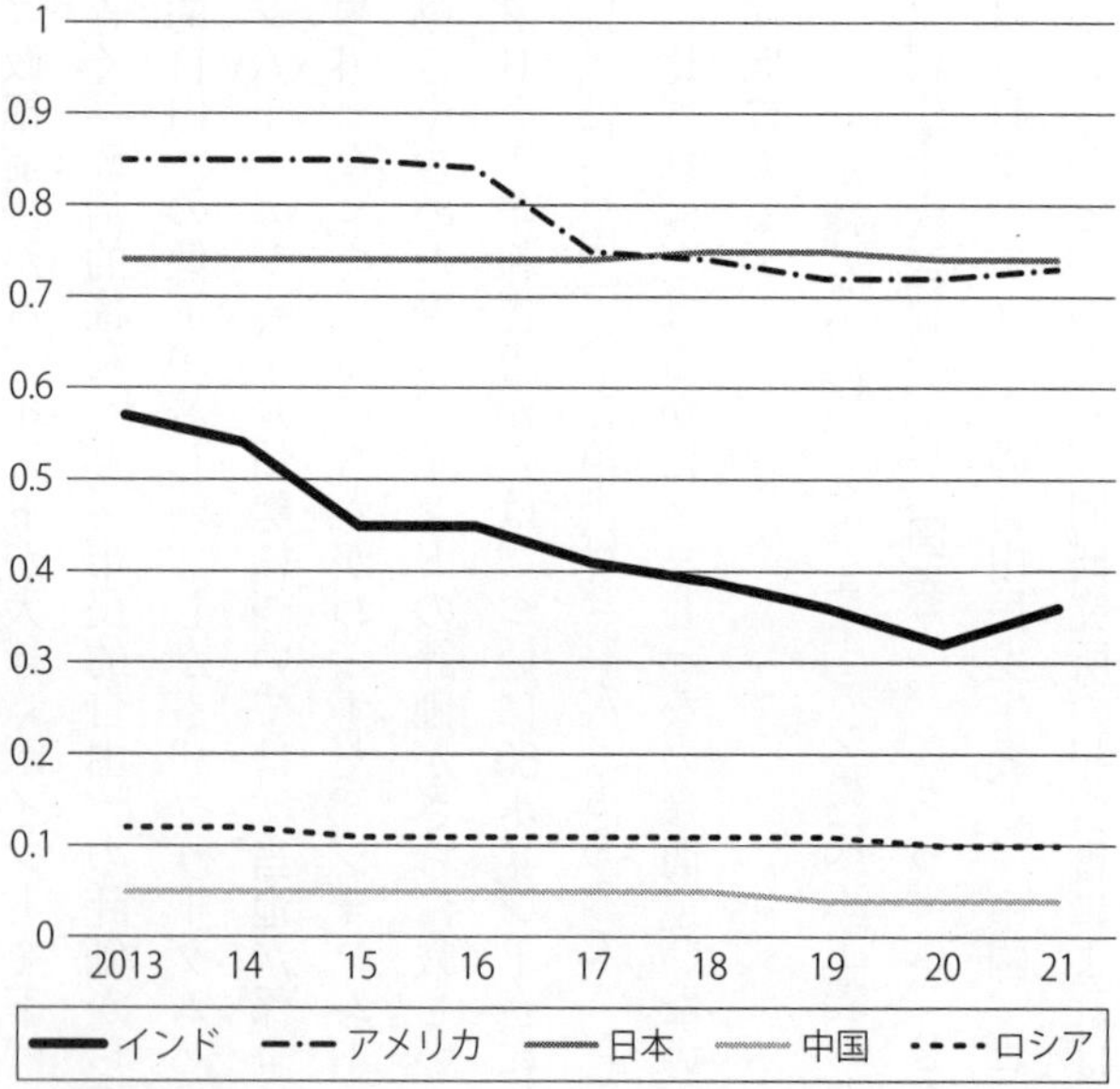

出所）民主主義の多様性（V-Dem）研究所

ィアへの支配、市民団体への弾圧、選挙管理委員会の独立性の後退、学問や宗教の自由への侵害が深刻化した。したがって、インドはもはや自由民主主義どころか、それまでの選挙民主主義ですらなく、2019年からは「選挙権威主義」の体制に堕したと酷評している。

市民が選挙できちんと判断するのに、メディアが重要な役割を果たすのはいうまでもない。この点について、国境なき記者団が毎年発表する「報道自由指数」のランキングは、きわめて厳しい現状を示している。インドは２０２２年には、世界１８０カ国中、１５０番目にまで転落した。２００２年の調査開始以来、最悪の順位であり、もはや後ろから数えたほうが早い。この年の評価では、ウクライナ侵攻後のプーチンによる厳しいメディア規制・弾圧も考慮されたロシアが１５５位とされているが、インドと大差ない。事態の深刻ぶりがうかがえよう。報告書は、たとえばモディの友人がトップを務める財閥大手、リライアンス・グループが70以上のメディアを所有して影響力を強めるなど、報道が政府寄りになっていると分析している。また、報告書には書かれていないが、よりモディ首相に近いとされる新興財閥、アダニ・グループも２０２２年、日本のＮＨＫ－ＢＳでも放映されている大手テレビ局ＮＤＴＶを買収した。報告書は他方で、政府に批判的なジャーナリストが、ヒンドゥー至上主義者や警察・治安部隊からさまざまなハラスメントを受けたり、殺害されたりしているとして、インドはジャーナリストにとって「世界で最も危険な国のひとつ」になったとまで批判した。

法の支配についてはどうか？　米ワールド・ジャスティス・プロジェクト（ＷＪＰ）

図表8　各国の法の支配指数

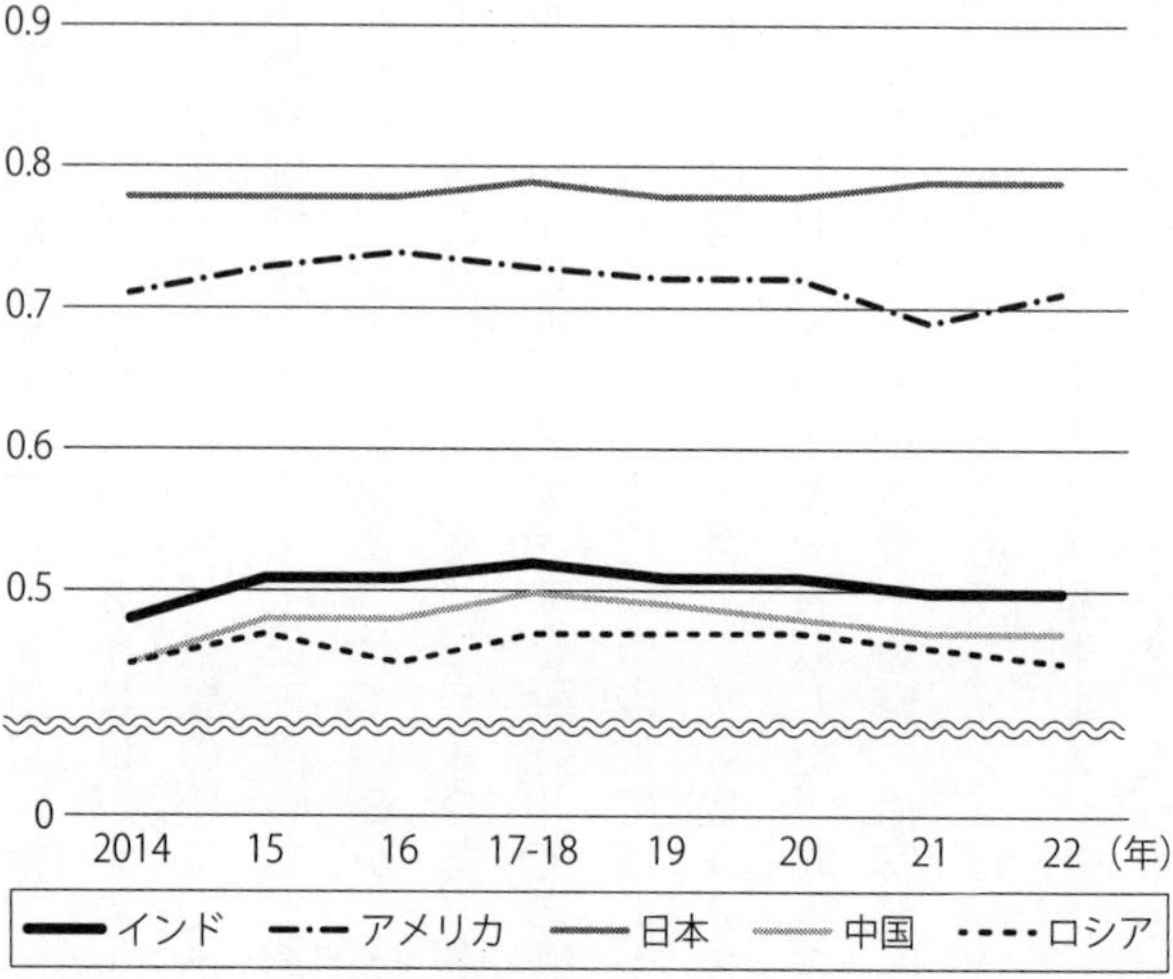

出所）米ワールド・ジャスティス・プロジェクト（WJP）

は、政府権力の制約、政府の開放性、汚職の不在、基本的権利、秩序と安全、規制の執行、刑事司法制度、民事司法制度の項目で、各国の法の支配の強さを評価している。それによると、インドの総合指数は、年によって大きな変化があるわけではないが、中国、ロシアとなんら変わらない低水準にある（図表8）。モディ政権下で低下が顕著な項目は、政府権力の制約、基本的権利であり、その代わりに秩序と安全は向上していると評価されている。要するに、国内治安の名のもとに、憲法や法律、人権を犠牲にする国になりつつあるということだ。

宗教の自由に関しては、米政府機関の国際宗教自由委員会（USCIRF）が、2020年の報告書以降、3年連続でインドを「とくに懸念される国」に指定するよう勧告している。この最も厳しいランクに位置づけられているのは、中国やロシア、北朝鮮、イラン、パキスタン、サウジアラビア、シリアなど十数カ国だけなのだが、そこにインドも仲間入りすることになったのである。報告書は、BJPの指導者が、ヒンドゥー国家建設に向かっているとして、インドのセキュラリズムと宗教的マイノリティが危機的状況にあると警告を発している。

最後に、経済的自由度についての評価をみてみたい。モディ政権は自由化に前向きで海外の投資を歓迎すると主張してきた。そして実際に、いくつかの規制の撤廃や緩和を発表してもきた。ところが、である。米ヘリテージ財団による「経済自由度指数」は、モディ政権発足の2014年以降、ほぼ横ばいの「やや不自由」状態がつづいている（図表9）。世界における順位は、なんとロシアや中国とほとんど変わらないか、むしろその後塵を拝するほどである。2022年のデータでは世界の131番目となっている。

図表9　各国の経済自由度指数

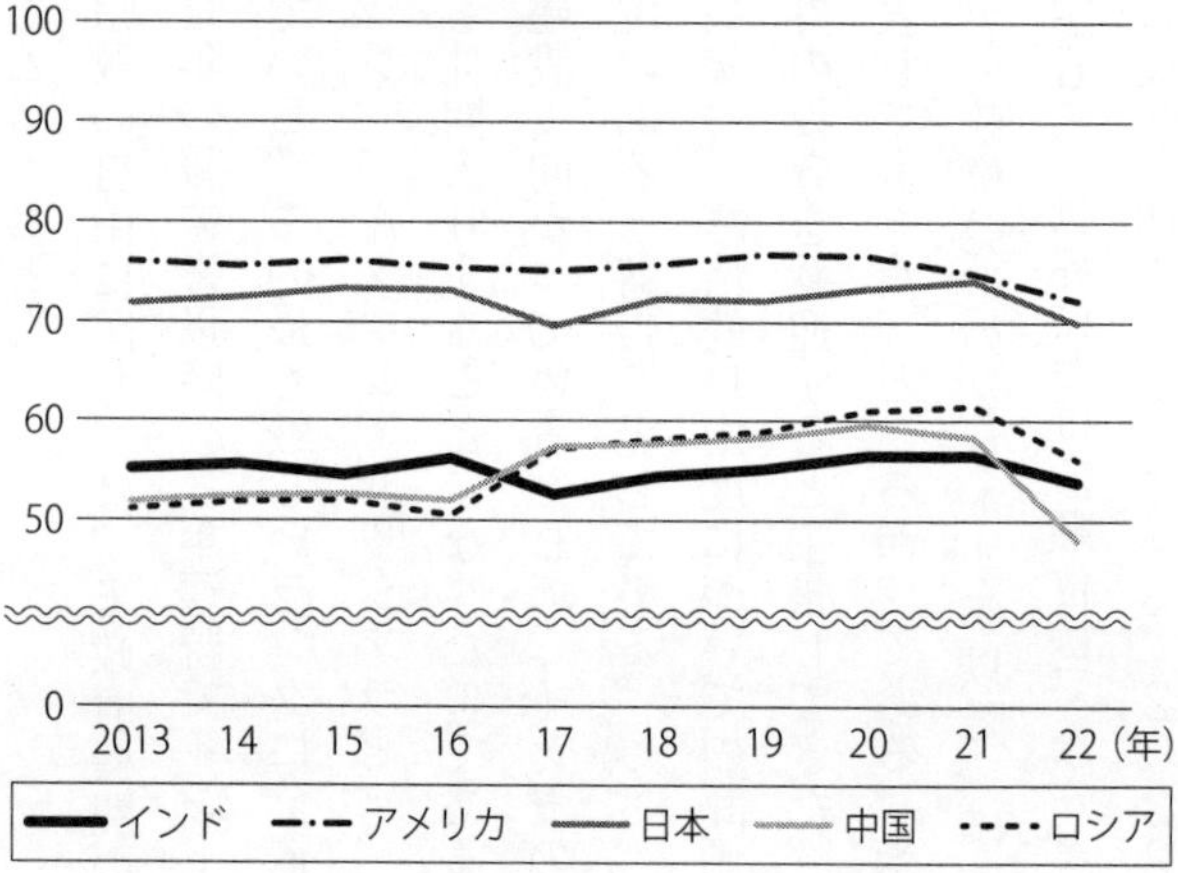

出所）米ヘリテージ財団

汚職や補助金の多さ、財政の悪化にくわえて、投資と金融の自由度が依然として低いことなどが問題視されている。意外に思うかもしれないが、モディ政権下で、経済面の自由度が向上したと評価されているわけではないのだ。

これまでのさまざまな指標に照らしてみると、「インドはもはや自由民主主義国ではない」と結論づけざるをえないように思われる。インドの政治経済を研究する湊一樹は、一方通行の情報発信、応答と議論の軽視、メディアの監視と抑圧にもとづくモディ首相の「ワンマンショー」がまかり通っていると痛烈に批判する。インド人では、前述のアマルティア・センや反体制派の活動家であり、作家としても名高いアルンダティ・ロイなど、国際的著名人が、モディ政権が自由や民主主義を破壊しているという手厳しい批判を（インド国内メディアは取り上げたがらないので）、欧米のメディアを中心に展開している。

独自の民主主義観

もちろん、そのような評価で構わないとモディ政権が開き直っている、というわけではない。聞こえてくるのは、これらの調査結果や批判は根拠がない、正確性を欠いたものだといった反発である。そしてあくまでも、自分たちは自由や民主主義といった価値にはコミットしていると主張しつづけている。

どうしてそんなことがいえるのだろうか？　中国やロシアを念頭に、「民主主義と専制主義の戦い」を掲げるアメリカのバイデン大統領は、２０２１年12月、初の「民主主義サミット」を開催した。オンライン形式の会合ではあったが、インドを含む１１１の国と地域が参加した。少し長くなるが、ここでのモディ首相の演説を一部引用してみよう。

世界最大の民主主義国を代表して、このサミットに出席するのを誇りに思います。民主主義の精神は私たちの文明的エートスに不可欠なものです。インドでは、2500年も前から、リッチャヴィ族や釈迦族のように選挙にもとづく共和制の都市国家が栄えてきました。同様の民主主義の精神は、民主的参加の原則を記した10世紀の「ウッタルマルー」の碑文にもみることができます。このきわめて民主主義的な精神とエートスゆえに、古代インドは最も繁栄した地のひとつとなったのです。数世紀に及ぶ植民地支配をもってしても、インド人の民主主義の精神が抑圧されることはありませんでした。

（中略）

複数政党による選挙、独立した司法、自由なメディアといった構造的特性は、民主主義の重要な装置です。しかしながら、民主主義の基本的な力は、私たちの市民、私たちの社会に内在する精神とエートスなのであります。民主主義とは人民の、人民による、人民のために、というだけでなく、人民とともに、そして人民のなかに存在するものでもあります。

民主主義の発展には、世界各地でさまざまな道があります。私たちは互いから多くのことを学ぶことができるのです。（以下略）

（インド報道情報局〔ＰＩＢ〕ウェブサイトより）

注目すべきなのは、インド独立よりはるか昔の、古代に由来する「精神」や「エートス」として、モディが民主主義をとらえている点である。そして、西洋の民主主義だけが、民主主義ではないとすら示唆している。まるで、バイデンの民主主義サミットから排除された中国が対抗して主張した「中国的民主」を想起させるような発言である。

民主主義に「さまざまな道」があると強調したのは、モディ政権の国内政策に対する、西側の批判への反論とも受け取れる。ジャンムー・カシミールの自治権剝奪や市民権法改正をめぐっては、インド国内だけでなく、米議会や国務省も、人権侵害であり、強権的だとして懸念の声をあげてきた。しかし、「そんなものは、あなたたちの見方にすぎない。2500年も前から、民主主義の精神とエートスを受け継いできたわれわれが、歴史の浅いあなたたちに説教される筋合いはない」、といったところなのだろう。モディ首相だけでなく、ジャイシャンカル外相も、「民主主義の質は他国によって決められるべきではない」といった発言を繰り返している。

モディ政権が、ヒンドゥーを中心にした強いインドを理想像とするBJPの国内政策を推し進めるかぎり、マイノリティと反対派の排除やメディア規制はつづくだろう。それでも、「世界最大の民主主義国」という看板は下ろさない。その代わりに、自由や民主主義を独自に定義して、そうした価値観を西側と共有している、いや自分たちこそ、その先駆者なのだと吹聴しているのである。

すねに傷をもつ国

言葉は同じでも、実態は違う、というのがインドの自由民主主義であるならば、第2次大戦後のアメリカが主導してきたリベラルな国際秩序に、この国がどれほどコミットしているのかという疑問も湧く。「自由で開かれたインド太平洋」について、国際共同研究を行った国際政治学者の墓田桂とブレンドン・キャノンが主張するように、人権や民主主義の価値はともかく、「自由と開放性」の旗まで降ろしてしまえば、クアッドの協力は意味をなさなくなる。もちろんモディ政権も、「開かれたルールにもとづく秩序」の重要性を否定しているわけではない。けれども、実際にどんな行動をとってきたかをみれば、インドがリベラルな国際秩序の維持強化に積極的役割を果たしてきたとは、とてもいえないだろう。

序章でみたように、ロシアによるウクライナ侵攻をめぐって、モディ政権はたしかに主権や領土保全の重要性を指摘したとはいえ、ロシアを名指しした批判は避けた。国連安全保障理事会でのインドと中国の「棄権」票は、プーチンに「自分たちが世界で孤立しているわけではない」と強弁できる論拠を与えることとなった。それは結果的には、「力による現状変更」というロシアの明らかな国際法違反行為を、インドが見逃し、下支えしたといわれても仕方あるまい。

ロシアに対してだけではない。インドは同じ２０２２年、ミャンマー軍事政権に対し、暴力停止やアウン・サン・スー・チーらの釈放を求めた安保理決議案についても、中国やロシアとともに棄権票を投じた。そうした姿勢が、欧米各国はもとより、国際的な人権団体の厳しい批判を呼んだのはいうまでもない。

実際のところ、世界の人権状況について、インドの関心は薄い。インドはここでも特定の国を名指しした批判は、原則的に回避する傾向がある。筆者が前著、『新興大国インドの行動原理』で論じたように、マンモーハン・シン前国民会議派政権は、2012年と13年の国連人権理事会で、隣国スリランカを非難する欧米の決議に賛成票を投じた。しかしそれは当時、不可欠な連立パートナーであったタミル・ナードゥ州の地域政党からの強い要求に応じざるをえなかったがゆえの結果だった。その証拠に、これら地域政党が連立から正式に離脱すると、前政権下でも同様の決議案に棄権票を投じた。地域政党の協力を必要としなくなったモディ政権になってからは、一貫して棄権票をつづけている。

2022年、モディ政権は、ロシアを人権理事会から追放する決議、ロシアの反戦市民らの人権状況を監視する決議に、相次いで棄権票を投じた。驚くべきことに、中国の新疆ウイグル自治区における人権状況の討議開催を求める決議案についてさえ、インドは棄権票を投じた。西側と一緒になって中国をたたくことができる機会をなぜ逃すのかと首を傾げるかもしれない。けれども、人権を理由にした国際社会の関与を安易に認めれば、同じく「すねに傷をもつ」インドにも、いつ何時、ブーメランとして跳ね返ってきても不思議ではない。そういう懸念が背景にある。それなら、人権よりも国家主権が大事だ、という立場にいよう、ということになる。

経済秩序をめぐっても同様である。詳細は次章に譲るが、インドはグローバルな金融・貿易体制に対し、「途上国」を代表して、つねに口うるさく注文を付ける国として知られてきた。貿易障壁の除去をめざした世界貿易機関（WTO）ドーハ・ラウンド交渉は、インドの強硬な反対により頓挫した。環太平洋パートナーシップ協定（TPP）には最初から入らなかった。地域的な包括的経済連携協定（RCEP）についても、交渉の最終段階でモディ首相が離脱を表明した。「ポストTPP」の秩序として、アメリカのバイデン政権が2022年に提唱したインド太平洋経済枠組み（IPEF）の交渉には、参加を表明したとはいえ、モディ政権は貿易分野に関しては交渉参加を見送った。アメリカ主導のリベラルな経済秩序に拘束されれば、国内産業が打撃を受けるとの考え方は、インドでは与野党を問わず根強いものがある。モディ首相が、いくら「ルールにもとづいた開放的な貿易環境」を望むなどといっても、実際の行動をみれば、依然として保護主義が支配的なのが現実なのだ。

中国の影

このようにみると、インドという国がわれわれとのあいだで、自由や民主主義など「基本的価値観の共有」をしているのかは、実態としてはきわめて疑わしい。そして皮肉なことに、西側との関係強化に前向きだとみられてきた現在のモディBJP政権下で、その疑いはいっそう深まっている。それでも、西側の首脳やメディアの大半が、インドとの「基本的価値観の共有」言説にこだわるのはなぜだろうか。もはやそんなものは虚構にすぎないと一蹴する声が大きくならないのはなぜだろうか。

そこには、リベラルな国際秩序への最大の挑戦国とみなされるようになった中国の存在がある。というのも、共産党支配の、とりわけ習近平体制下の中国は、インドと比べると、経済的自由度では大差ないとしても、その他の面では明らかに非自由で、非民主主義的だからだ。この「よりひどい国」としての中国との対比のなかでこそ、「基本的価値観の共有」論は、もっともらしく聞こえる。

実態をみると怪しげな、ガラス細工のような言説を、なんとか維持しようとする根底には、われわれが中国という脅威を前にした利害をインドと共有しており、だからこそ連携し、関係を拡大深化させねばならないという発想がある。

しかし、はたして、ほんとうにそういえるのか？　次章では、利益の共有の実態について検討しよう。

第2章

中国は脅威なのか?

「利益の共有」を問い直す

中国脅威論はいつ日米で台頭しはじめたか

日本やアメリカが、中国を脅威として真剣にとらえるようになったのは、せいぜいこの20～30年ほどのことだろう。それまでの中国は、西側とは政治体制の違いこそあれ、経済規模の小さい途上国にすぎず、本格的な挑戦国とはみなされていなかった。それが鄧小平のはじめた改革開放政策を経て、経済発展が進み、国力を増強させていく。日本では2005年に中国各地で起きた反日暴動が、中国脅威論台頭の端緒となった。2007年の安倍晋三首相のインド連邦議会演説、「二つの海の交わり」は、対中警戒を意識した日米豪印連携の必要性を説いたものとして受け止められた。少し抜粋してみよう。

日本外交は今、ユーラシア大陸の外延に沿って「自由と繁栄の弧」と呼べる一円ができるよう、随所でいろいろな構想を進めています。日本とインドの戦略的グローバル・パートナーシップとは、まさしくそのような営みにおいて、要《かなめ》をなすものです。

日本とインドが結びつくことによって、「拡大アジア」は米国や豪州を巻き込み、太平洋全域にまで及ぶ広大なネットワークへと成長するでしょう。開かれて透明な、ヒトとモノ、資本と知恵が自在に行き来するネットワークです。

ここに自由を、繁栄を追い求めていくことこそは、我々両民主主義国家が担うべき大切な役割だとは言えないでしょうか。

また共に海洋国家であるインドと日本は、シーレーンの安全に死活的利益を託す国です。ここでシーレーンとは、世界経済にとって最も重要な、海上輸送路のことであるのは言うまでもありません。

（日本外務省ウェブサイトより）

そして安倍の構想は、同年中に行われた4カ国の安全保障対話や海上合同演習として実現する。その後、日本では2008年以降、自民・民主両政権下で尖閣諸島問題が先鋭化したことで、中国脅威論は国民と政治家・官僚のあいだでひろく共有されるようになる。

アメリカではどうか。1989年の天安門事件、さらには、1995〜96年に起きた第3次台湾海峡危機などを通じて、アメリカで中国脅威論が論じられるようになったのは、日本より早かったように思われる。しかし、米中関係に詳しい国際政治学者の佐橋亮によれば、この時点ではそうした声は一部にとどまり、アメリカ政府の対中関与の方針を覆すまでには至らなかった。関与政策の修正は、第2次オバマ政権末期の2015年ごろにようやくはじまり、2017年からのトランプ政権で明確なものになったという。

国境戦争敗北のトラウマ

インドの対中脅威認識の起源は、日米のそれよりはるか以前にさかのぼるものだ。印中関係は、これまで大きなアップダウンを繰り返してきた（図表10）。インドは初代首相ネルーのもと、1949年に成立した中華人民共和国をいち早く承認し、周恩来とのあいだで「平和五原則」を宣言した。その後も、アジア、アフリカの新興独立国、いわゆる第三世界のリーダーとして、インドは中国と共闘しようとする姿勢を示した。広瀬崇子が指摘するように、ネルーには、巨大な隣国と友好関係を構築することで、中国が

図表 10　インド・中国関係略年表

友好期 ↔ 悪化期

1947 年	インド独立
49 年	中華人民共和国成立→インド承認
54 年	印中平和五原則
55 年	アジア・アフリカ会議（バンドン会議）
58 年	アクサイチン道路建設へのインドの抗議
59 年	チベット反乱、ダライ・ラマ亡命
62 年	国境戦争
76 年	大使交換
88 年	ラジーヴ・ガンディー訪中→「国境問題に関する合同作業部会」
93 年	ナラシマ・ラオ訪中→「国境の平和と安定維持に関する協定」
96 年	江沢民訪印→「国境での信頼醸成措置協定」
98 年	インド核実験、核保有宣言
2003 年	ヴァジペーイ訪中→国境貿易協定、国境交渉開始
05 年	温家宝訪印→「戦略的・協力的パートナーシップ宣言」
07 年	第 1 回印中陸軍合同演習
08 年	第 2 回印中陸軍合同演習
09 年	国境をめぐる政治的緊張
10 年	南沙諸島沖での印越石油探索合意
13 年	国境をめぐる軍事的緊張 李克強訪印 マンモーハン・シン訪中→「国境防衛協力協定」
14 年	BRICS「新開発銀行」設立 習近平訪印 アジア・インフラ投資銀行（AIIB）にインドが設立メンバーとして参加
15 年	モディ訪中
16 年	インドの原子力供給国グループ（NSG）加盟を中国が阻止
17 年	「一帯一路フォーラムサミット」をインドがボイコット ドクラム危機
18 年	モディ訪中、第 1 回非公式首脳会談
19 年	習近平訪印、第 2 回非公式首脳会談
20 年	ガルワン渓谷での衝突→軍事対峙

インドに敵対することを防ごうとする計算があった。

ところが実際には、中国側はその裏で、インドが領有権を主張するカシミール地方の北東部、アクサイチンに一方的な道路建設を着々と進めていた。ここは、無人の荒地であったこともあり、無警戒だったインドはまったく気づかないまま、道路の完成を許してしまう。こうして中国によるアクサイチンの実効支配化が進んだ。その後、チベット反乱、ダライ・ラマのインド亡命に中国が反発して、両国関係は悪化へ向かう。他の国境係争地でも小規模な衝突が相次ぐなか、ついに１９６２年、中国人民解放軍がインドへの軍事作戦を開始したのだ。世界の耳目が、キューバ危機に集まるさなかの襲撃であった。まさか中国の侵攻はないと楽観していたインド側は、なすすべもなく敗走を重ねた。インド軍・安全保障関係者のあいだには、60年を経た今日でも、この国境戦争での敗北の記憶が大きなトラウマとして根強く残る。

国境戦争での敗北は、中国に対抗しうる軍事力構築の必要性をインドに痛感させることになった。核兵器開発はその最たるものだ。兵器としてのインドの核開発は、パキスタンではなく、自身よりも強い、中国を睨んではじめられた。その結果、１９７４年、中国に遅れること10年、インドは最初の地下核実験に成功する。このほか、中国と対立関係に転じたソ連との軍事的関係を深めた。序章でも論じたように、インドはソ連からありとあらゆる兵器を調達し、通常戦力でも充実を図った。1971年の第3次インド・パキスタン（印パ）戦争に際して、中国の介入を防ぐために、時のインディラ・ガンディー首相は、ソ連とのあいだで平和友好協力条約を締結した。それまでの「非同盟」を事実上、放棄したものと受け止められても仕方のないような条約の締結に踏み切ったことをみれば、インドがどれほど中国を脅威として認識していたかがうかがえよう。

国境戦争でほぼ断絶状態に陥った印中関係は、冷戦後にしだいに正常化に向かうが、インドの対中脅威認識が消えることはなかった。1998年のインドの2度目の核実験と核保有宣言の際には、当時のヴァジペーイ首相が、クリントン米大統領に宛てた書簡のなかで、中国の存在を核保有の理由だと弁明していたことが明らかになっている。フェルナンデス国防相に至っては、中国がインドの「第一の敵国」だと公言してはばからなかった。

インドはもうひとつの敵国、パキスタンと何度も戦火を交えてきたが、パキスタンには一度たりとも負けたとは思っていない。とくに最後の第3次印パ戦争では、東パキスタンの解放、バングラデシュ独立という戦略目標を達成して、明確な勝利を収めている。最近ではパキスタンから仕掛けられてくるテロなどのような「代替戦争」に苦しめられているとはいえ、まともに戦えば勝つと考えている。これに対し、中国にはインドはかつて明確に敗北しており、正規戦では最大にして、唯一の脅威だと認識しているのだ。

大胆さを増しはじめた挑発行為

インドの対中脅威認識は、このように積年のものであるばかりか、その強さの度合いも、日本やアメリカ以上のものといってもいいかもしれない。なにしろ、インドは中国と直接、陸上で長い国境を接しており、その国境の大半が未解決の「実効支配線」状態にあるからだ。この実効支配線というのは厄介だ。両国間で、それぞれの支配地域についての認識が一致しているわけではない。きわめてファジーな性格のものだ。そのため、双方ともが、相手側に「侵入された」と感じるようなことが起きやすい。これまでも双方が相手方の「侵犯」行為を非難し、牽制するといった事態が繰り返されてきた。それでも、支配線をめぐる「認識の違い」を理由に、どちらも事を荒立てず、すぐに撤退することでエスカレーションが避けられてきたという経緯がある。

ところがインドの見方では、2009年ごろから中国側の挑発行為が大胆なものになりはじめる。とくに習近平体制発足以降になると、中国の部隊がインド側の実効支配地域内で、堂々とテントを張って野営をつづける、といったニュースも報じられるようになった。

2017年6月、中国はインドとのあいだに挟まれたヒマラヤの小国、ブータンに圧力を行使する。中国の部隊が中国・ブータン間の係争地、ドクラム高地で突如、道路建設をはじめたのだ。この動きにインドは敏感に反応した。ブータンは2007年の条約改正までは、インドの「保護国」のような位置づけがなされていた国である。「インドの一部」と考えている人すらいる。そのうえ、インドのシッキム州にほど近いドクラム高地での中国の道路建設を許してしまえば、有事の際に中国軍がインドへの侵攻をしやすくなるという懸念も募った。というのも、その道路を拠点に、「鶏の首」と呼ばれるインドの東西を結ぶシリグリ回廊を中国側が攻撃して遮断すれば、中国とのあいだの主

図表11　インドの東西を結ぶシリグリ回廊「鶏の首」

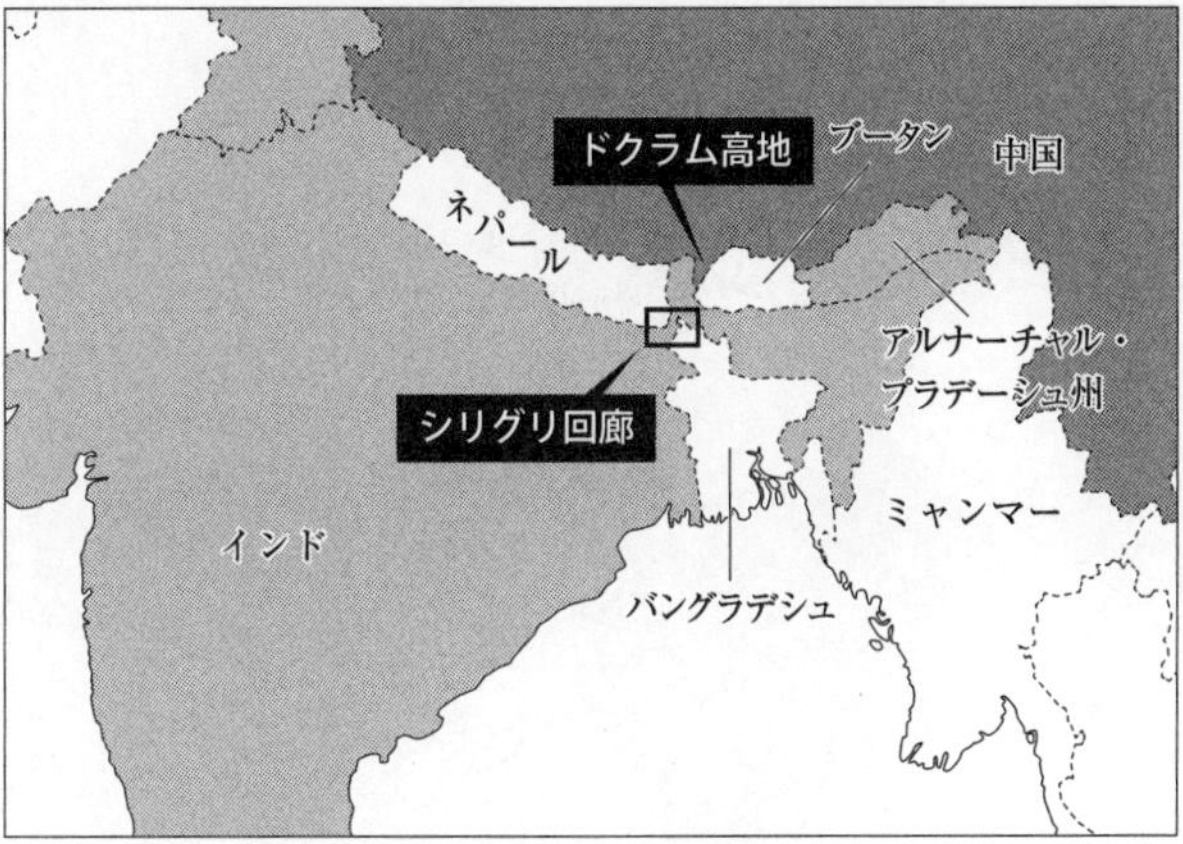

要な東部の係争地で、インドが実効支配するアルナーチャル・プラデーシュ州は完全に孤立してしまうからだ（図表11）。そこでインド側はただちにブータンに部隊を派遣し、中国側が撤退するまで対峙をつづけた。

それからちょうど3年後の2020年6月には、中国軍は、今度はインドとの係争地に攻勢をかけてきた。舞台となったのは、インドのラダック地方と中国のチベットとのあいだの実効支配線付近に位置するガルワン渓谷であった（図表12）。中国側がパトロール中のインドの部隊を石やこん棒で突然襲撃し、インドの兵士はつぎつぎと谷底に突き落とされたという。印中間では、これまでも衝突はたびたびあったもの

図表12　中国との実効支配線、ガルワン渓谷

の、実効支配線付近では火器を使用しないといった信頼醸成措置が確立していたこともあって、せいぜい投石や殴り合いにとどまり、長年死者を出すような事態は避けられてきた。しかし、このときは45年ぶりに双方に犠牲者を出す惨事となった。インド側の死者数は20名にも達し、インド国内の反中感情と対中警戒論は決定的なものとなった。中国製品のボイコットだけでなく、中国からの投資を締め出す動きがつづいた。

その後の交渉を通じて、一部地域では双方の部隊撤退も実現した。けれども、実効支配線の多くの箇所で軍事対峙がつづくなか、2022年12月には、東部の係争地、

アルナーチャル・プラデーシュ州でも印中の部隊が衝突し、双方にけが人が出る事態となった。野党は連邦議会で政府の責任を追及し、街頭では抗議行動が相次いだ。このように、実効支配線をめぐる中国の攻勢は強まる傾向にある。

周辺国に対して「上から目線」

未解決の国境問題にくわえて、インドが警戒を強めてきたのは、インド周辺国への中国の影響力拡大である。インドは中国と国境を接しているとはいえ、そこにはヒマラヤの高い壁があり、中国文明がインドを含む南アジアに入ってくることは、長い歴史のなかでもほとんどなかった。第2次大戦後、大英帝国の去ったこの地域で、圧倒的な影響力を振るってきたのがインドだった。インドはアフガニスタンを除く、南アジアのすべての国と陸か海の国境を接するのに対し、他の国々はインドを経由しなければ互いに行き来すらできない（図表13）。面積、人口、GDPも他国とは桁違いで、他の国々をすべて合わせてもインドの足元にも及ばない。軍事力に関しても、ナンバー2のパキスタンとは兵力で2倍以上、軍事費では6・5倍の規模を誇る（図表14）。インドは、南ア

図表13　南アジア諸国

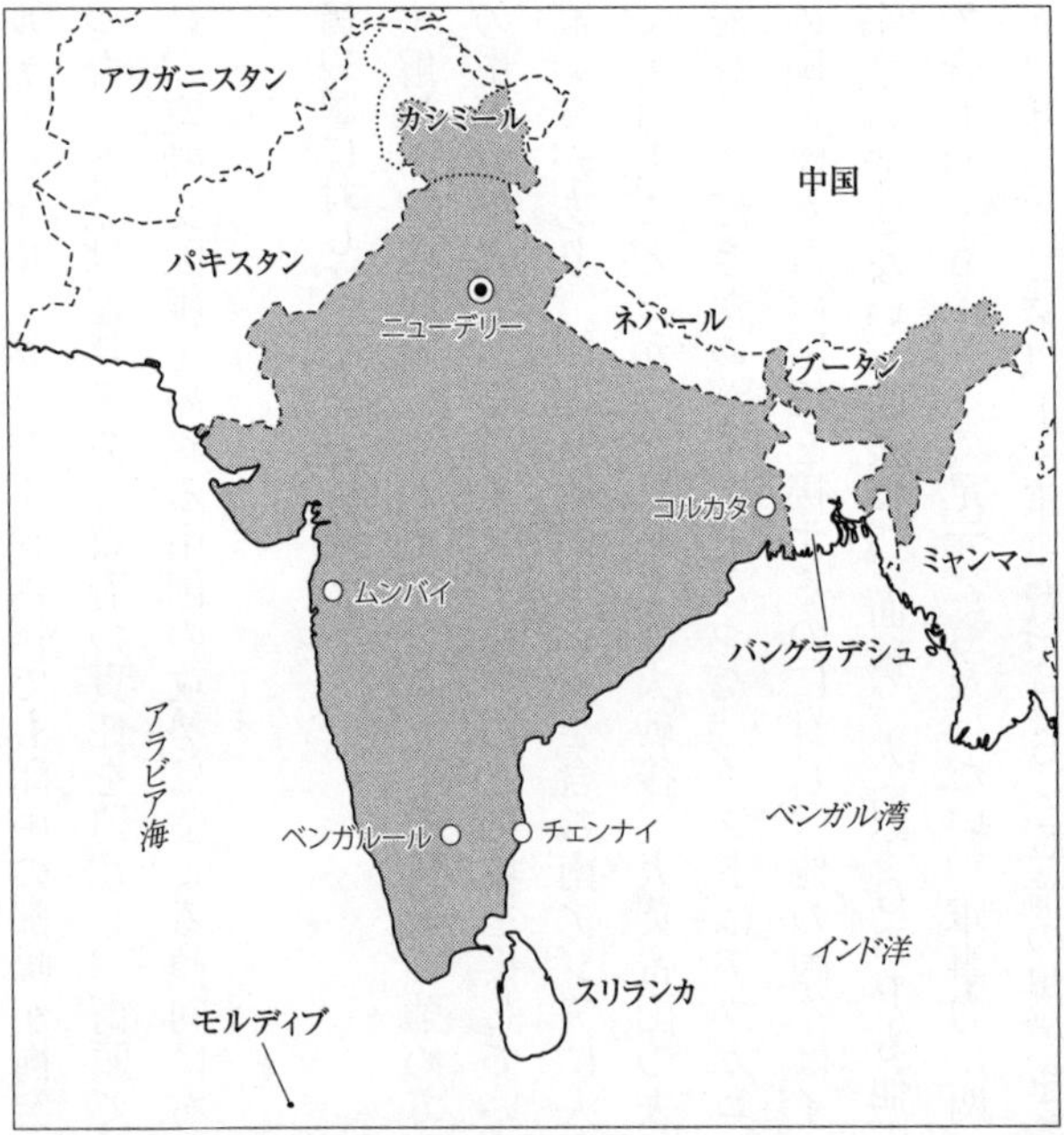

ジアでは世界におけるアメリカ以上の超大国なのであり、地域を自分たちの庭のようにとらえる傾向がある。インドは国境を接する「直接近隣」にくわえて、自分たちの海だと彼らが考えるインド洋沿岸国の「拡大近隣」を「域内」であり、勢力圏だとみなしてきた。

ところが、21世紀に入ると、中国はヒマラヤという自然の防御壁を突破するようになってくる。チベットとネパール

図表 14　南アジア各国の主要データ

	面積（平方キロ）	人口（人）	GDP（10 億ドル）	軍事費（10 億ドル）	総兵力数（人）
インド	3,287,263	1,389,637,446	3176.30	65.10	1,460,350
パキスタン	796,095	242,923,845	348.23	10.40	651,800
バングラデシュ	148,460	165,650,475	416.27	4.06	163,050
ネパール	147,181	30,666,598	35.85	0.41	96,600
ブータン	38,394	867,775	2.44	n.a	n.a
スリランカ	65,610	23,187,516	88.98	1.53	255,100
モルディブ	298	390,164	5.20	n.a	n.a
アフガニスタン	652,230	38,346,720	n.a	1.88	165,000

出所）　面積と人口：CIA World Fact book（2022 年）
GDP：IMF（2021 年）アフガニスタンは政変のため不明
軍事費と総兵力数：Military Balance 2022　ブータン、モルディブは記載なし

を結ぶ鉄道建設まで真剣に検討されはじめたのは、その象徴的な事例だ。南シナ海を越えてインド洋への海洋進出も著しい。中国が建設したスリランカのハンバントタ港は、巨額の債務が返せなくなる、いわゆる「債務の罠」にはまり、２０１７年、今後99年にわたって、中国企業の手に渡ることが発表された。２０２１年にはスリランカがインドや日本と協力して進めることになっていたコロンボ港・東コンテナ・ターミナル開発事業が、突如キャンセルされ、中国企業の受注に切り替えられた。こうした現象は、習近平体制が進める「一帯一路」プロジェクトで頻発している。しかも、この「一帯一路」には、インド自身とブータンを除くすべての周辺国が参画する有様だ。多くの国が

中国になびいている。インドからみると、「よそ者」に自分の庭を荒らされている、ということになる。

もっとも、こんなことになってしまったのは、自分の庭を大事にしてこなかったインド自身の責任でもある。筆者も、ネパールやバングラデシュ、スリランカなどで政府関係者、シンクタンクの識者から話を聞くたびに、たびたび、「インドは傲慢だ」という不満の声を耳にしてきた。インドは地域の外側の大国との関係には力を注ぐ一方で、域内諸国を「小さな隣人」と見下し、その関係を軽視してきた。南アジアの地域協力枠組みとして1980年代に発足した南アジア地域協力連合（SAARC）が、いっこうに機能せず、その存在すら多くの人が知らないのは、そのあらわれだ。インドにとっては、こうした経済規模が小さく、かつパキスタンという明らかな敵対国を含む地域協力枠組みを強化しようというインセンティブは働きにくい。労多くして功少なしと考えられてきたのである。

インドは地域の超大国ではあるものの、地域覇権国として求められる責務を放棄しており、なにもしてくれない。それなのに、つねに「上から目線」で、それぞれの国内・

対外政策に圧力をかけ、従うように要求する。そういった不満を長年抱えてきたインド周辺国が、中国という新たなパワーの参入を歓迎したとしても不思議ではない。

近隣諸国のホンネ

「近隣第一政策」を掲げるモディ政権は、たしかに積極的な首脳外交などを通じて、地域への影響力回復策に乗り出してはいる。軍事・経済協力にも積極的だ。新型コロナの感染拡大のなか、２０２１年には、インド製ワクチンを近隣国に、いち早く無償で提供もした。「ワクチン・マイトリ（友愛）」を掲げたこの政策はもちろん歓迎された。ところが、その後、インドで感染「第２波」が広がると、国内への供給を優先せざるをえなくなり、ワクチン・マイトリも停止を余儀なくされる。そうなると追加接種分を確保できなくなった周辺各国は、結局のところ中国製ワクチンに依存するという皮肉な結果を招いた。

モディ政権は発足当初から、インド洋地域に数多く暮らす、大英帝国時代からのインド系移民の取り込みにも熱心である。モディ首相は各国を訪問するたびに、それぞれの国に暮らす在外インド人（インドの国籍・パスポートをもつ非居住インド人と滞在国の国籍・パスポートをもつインド系移民の総称）を集めた会合や大規模集会を行ってきた。与党インド人民党（ＢＪＰ）の国際組織や大使館・領事館が、こうした在外インド人への働きかけの先頭に立っている。けれども、ここにもインドの「傲慢さ」が垣間見える。ニューデリーの官僚や政治家は、「インド系移民は当然、みずからのルーツであるインドに誇りと愛着を抱いており、インドの味方をしてくれる」と思い込んでいる。けれども、筆者がかつて行った調査によれば、現地のひとびとの認識はまったくといっていいほど違っていた。

インド系住民が全人口の7割を占めるモーリシャスでの経験が、印象的だった。インド政府の支援で建設された「マハトマ・ガンディー協会」を訪れた時のこと。ちょうどガンディーの生誕記念日で、インドのネルー大学（ＪＮＵ）から招かれた教授の記念講演と、現地のインド大使主催の昼食会が催された。大使らが協会を離れた後、協会所属の研究者約10名が日本から来た私のために懇談の場を設けてくれた。そこで聞いたのは、インドの批判、悪口のオンパレードだった。明らかに「インド人そのもの」にみえる研究者の口から、「けっして行きたくない国」とか、「住みたくない国」という言葉がつぎつぎと出てきたのは、驚きであった。モーリシャスがインドとの関係を強化すべきだといった主張も、ほとんど聞かれなかった。

モーリシャスでは、インド系が首相含め政府の主要ポストを握っているにもかかわらず、インドの進める大規模港湾インフラ建設計画は頓挫している。インドが軍事目的でこの施設を利用するのではないか、という警戒感が背景にある。

モーリシャスの街中で

同様に、インド洋のセイシェルにおいても、インド系の政治指導者が、世論の警戒感のなかでインドのインフラ建設に強く反対した。筆者は２０１８年に当時、野党議員団長を務めていたワベル・ラームカラワンにインタヴューしたが、「セイシェルの主権」をインドが侵害することは許されないと強調していた。彼は、同年初めにインド政府が開いた「世界インド系移民議員会議」に特別ゲストとして招待された人物でもあった。それにもかかわらず、ニューデリーの思い通りにはまったくなっていないのだ。ちなみに、ラームカラワンは2020年のセイシェル大統領選挙に出馬して勝利し、以来同国の政権を担っている。

ワベル・ラームカラワン氏（中央）と著者（左端）

このようにモディ政権のインドは、たしかに「近隣第一政策」を掲げているものの、その試みが功を奏しているとはいいがたい。それに対して、資金力で圧倒的な中国は、すべてで成功しているわけではないとしても、これまではインドの影響力が圧倒的だった南アジア、インド洋諸国にその勢力を着々と拡大している。インドとしては、もはや一国の力だけでこの中国に対抗するのは困難だ。

モディ政権が「インド太平洋」概念を使って、クアッドの枠組みに期待するのは、まさにこの点である。後述するように、インドはそこでの軍事的連携の強化には前向きとはいえない。しかし、一帯一路に対抗するコネクティヴィティ（連結性）強化、インフラ構築支援、「債務の罠」への対応、レアアースや半導体などを含め、中国に依存しないサプライチェーン（供給網）構築など、経済安全保障と呼ばれる「非軍事的」な連携には大きな期待をかけている。２０２２年5月に東京で開催されたクアッド首脳会合の際には、これらの分野での連携を進めることで合意がなされた。

インドの「世界大国化」を中国が阻止？

安全保障だけでなく、政治外交、経済面でも、インドには中国への不信感がある。21世紀のインドは国際社会における、みずからの地位向上に注力してきた。最大の目標は、国連の安保理常任理事国入りである。インドは日本、ドイツ、ブラジルとの「G４」の枠組みで共闘するとともに、世界各国との2国間首脳会談等でも、安保理改革の実現を訴えてきた。これまでに、米ロを含むほぼすべての主要国・新興国が、インドの常任理事国入りに一定の支持を与えている。これに対し、中国は「インドの熱望」を理解するという曖昧な表現にとどまっている。インドは、安保理常任理事国のうち、中国だけが、インドの常任理事国入りに否定的だとみている。

安保理常任理事国入りがすぐには難しい現実のなかで、モディ政権が当面の目標としたのが、原子力供給国グループ（ＮＳＧ）への加盟だった。ＮＳＧはもともと、インドの最初の核実験を受けて、核拡散防止条約（ＮＰＴ）に加盟していない国との民生用原子力協力を規制する枠組みとして作られた。２００８年には対印関係強化を図るアメリカの強い働きかけで、ＮＰＴ未加盟のインドとの取引を例外的に認める決定がなされている。モディ政権は、かつてインドを排除した枠組みへの加盟を、国際社会に認めさせることで、核大国としての地位を確固たるものにしたいと考えた。しかし、この目標を阻んだのが、中国だった。多くの国々がインド加盟を支持するなか、中国はＮＰＴ未加盟の国のＮＳＧ加盟はありえないと立ちはだかった。

このように、中国は、インドをあくまでも「南アジアの大国」にとどめ、その「世界大国化」を阻止しようとしているのだ、という見方がインドでは支配的である。

中国経済に飲み込まれることへの警戒感

図表 15　インドの対中国輸出入額の推移

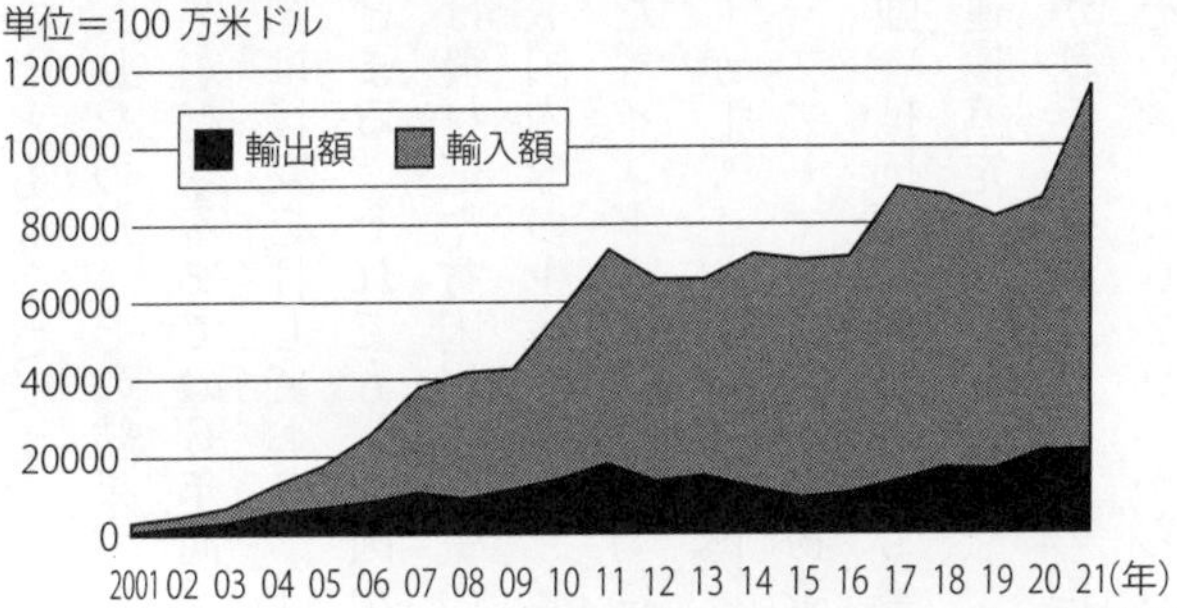

出所）インド商工省のデータベースより筆者作成

経済面では、国境戦争以降、長くゼロに等しい状況がつづいてきた中国との貿易関係が飛躍的に拡大している。２００８年には中国がアメリカを抜き、インドの最大の貿易相手国となった。もっとも、インド側の圧倒的な入超であり、安価な家電製品や玩具等がインドに流入してきている（図表15）。一時は、ヒンドゥーのお祭りの際に庶民が使う花火から、なんと川や海に流すガネーシャ像に至るまで中国製品が席巻するほどになった。それは貧しいひとびとの生活向上に寄与する一方、インドの製品が駆逐されるということも意味している。

２０１４年に発足したモディ政権は当初、これまで皆無に等しかった中国からの投資を歓迎する姿勢を示した。膨大な中国マネーを呼び込んで、日本やアメリカなども競争させて、インフラを整備し、「メイク・イン・インディア」を実現しようとしたのだ。その結果、たしかに中国からの投資は、政権発足からガルワン渓谷での衝突が起きるまでの6年間で、6倍に急増した。もっとも、アメリカや日本に比べると、中国は後塵を拝しており、インドへの対外投資の投資額全体の0・5パーセント程度にとどまる。それでも、中国からの投資は確実にインドに変化をもたらしつつある。たとえば農村部や貧困層に人気の中国ブランドのスマートフォン、シャオミ（小米）は、インド国内での生産を進め、2017年にはインド市場でトップのシェアを獲得するに至った。インドのスマホ市場は4分の3を中国ブランドが占める。

しかし、上海の復星国際グループによる、2016年のインドの製薬大手、グランド・ファーマ買収計画が物議を醸したように、インド社会のなかに、中国の進出に対する強い抵抗感があることも事実だ。2019年11月に、モディ首相が地域的な包括的経済連携協定（RCEP）に、交渉の最終段階で不参加を表明したのも、中国にインド経済が飲み込まれることへの国内の強い警戒感が背景にあった。

その後、2020年からの国境衝突・対峙と新型コロナの感染拡大は、経済の脱中国化への転換の必要性をモディ政権に決意させることとなった。経済を中国に依存したままでは、中国と長期にわたって対峙する、ましてや戦うことなど不可能だ。それになによりも、国内世論が脱中国化を強く求めている。そこでモディ政権は、中国系アプリの使用を禁止したほか、中国からの投資の締め出しを強めた。

ところが、脱中国化はそう簡単な話ではなかった。2021年4月、インドを新型コロナの感染「第2波」が襲ったとき、医療崩壊に陥ったインドは、香港経由で中国製の人工呼吸器や酸素濃縮器に依存せざるをえなかった。電化製品のインド国内での製造にも、中国の半導体や集積回路、リチウム電池等が欠かせないという実態が露呈する。結局、皮肉なことに、同年の対中貿易（輸入）額は、過去最高を記録した。厳しい現実のなか、モディ政権は「自立したインド」というスローガンを掲げ、クアッドとも連携しつつ、中国に依存しないサプライチェーンの再構築に乗り出した。

このように、インドの中国に対する警戒感は、長期にわたるものであるのにくわえて、その度合いについても、日本やアメリカ以上の強さだ。さらに、それはあらゆる面でいっそう強まる傾向にある。そうであれば、インドほど、われわれにとって「都合の良い」パートナーはないだろう。

大陸国家としてのインド

しかしながら、インドと日本やアメリカなどのあいだで、対中認識が完全に一致しているというわけではない。安全保障上は、「脅威」という漠然としたイメージで一致するのは間違いない。けれども、その脅威を具体的に感じる現場は同じではない。日本やアメリカが警戒するのは、なんといっても中国の海洋進出だろう。尖閣諸島を中心に東シナ海、台湾海峡、南シナ海、さらにはインド洋のシーレーンなどで、武力による威嚇、一方的な現状変更の試み、航行・通商の自由の妨害が頻発している。日米豪が「自由で開かれたインド太平洋」を掲げて、インドにクアッドへの参画を求めたのは、そうした環境変化に対する危機感からだった。

もちろん、インドにも同じ懸念はあった。しかし、その懸念は海洋だけにあるのではない。インドは、たしかに故安倍元首相が述べたように、インド洋に面する海洋国家だ。しかしそれはインドの南半分から眺めたときの話である。この国は、ユーラシア大陸の一部でもあり、北半分に目を向ければ大陸国家という面も有する。そして実際に、これまでインドが戦ってきた敵といえば、中国であれ、パキスタンであれ、主として陸上国境からやって来た。この事実を考えれば、インドにとってなによりも重要な安全保障上の関心が、海洋よりも、まずは大陸のほうにあるのは当然だろう。

インドにとっての敵対者である中国とパキスタンは、もともと「全天候型の友好国」と呼ばれるくらい密接な関係を築いてきた。近年は、中パ経済回廊（CPEC）プロジェクトなどを通じ、両者の連携はいっそう拡大深化している。インドはいかにして、この敵対者連合に対処するのか？　カギになるのは、中パに接する他のユーラシアの国々、とりわけ敵対者の向こう側にある国との関係強化だ。こうした発想は、古代マウリヤ朝の宰相、カウティリヤによって書かれたとされる『アルタシャーストラ（実利論）』で論じられている。これにもとづけば、中国、パキスタンの、それぞれの向こう側にあるロシア、アフガニスタン、イランなどの国々との関係が、インドにとっては戦略的な重要性を帯びることになる（図表16）。

ところが、本質的に海洋国家であるクアッドの他の構成国、日米豪は、インドを取り

図表16　インドと周辺図

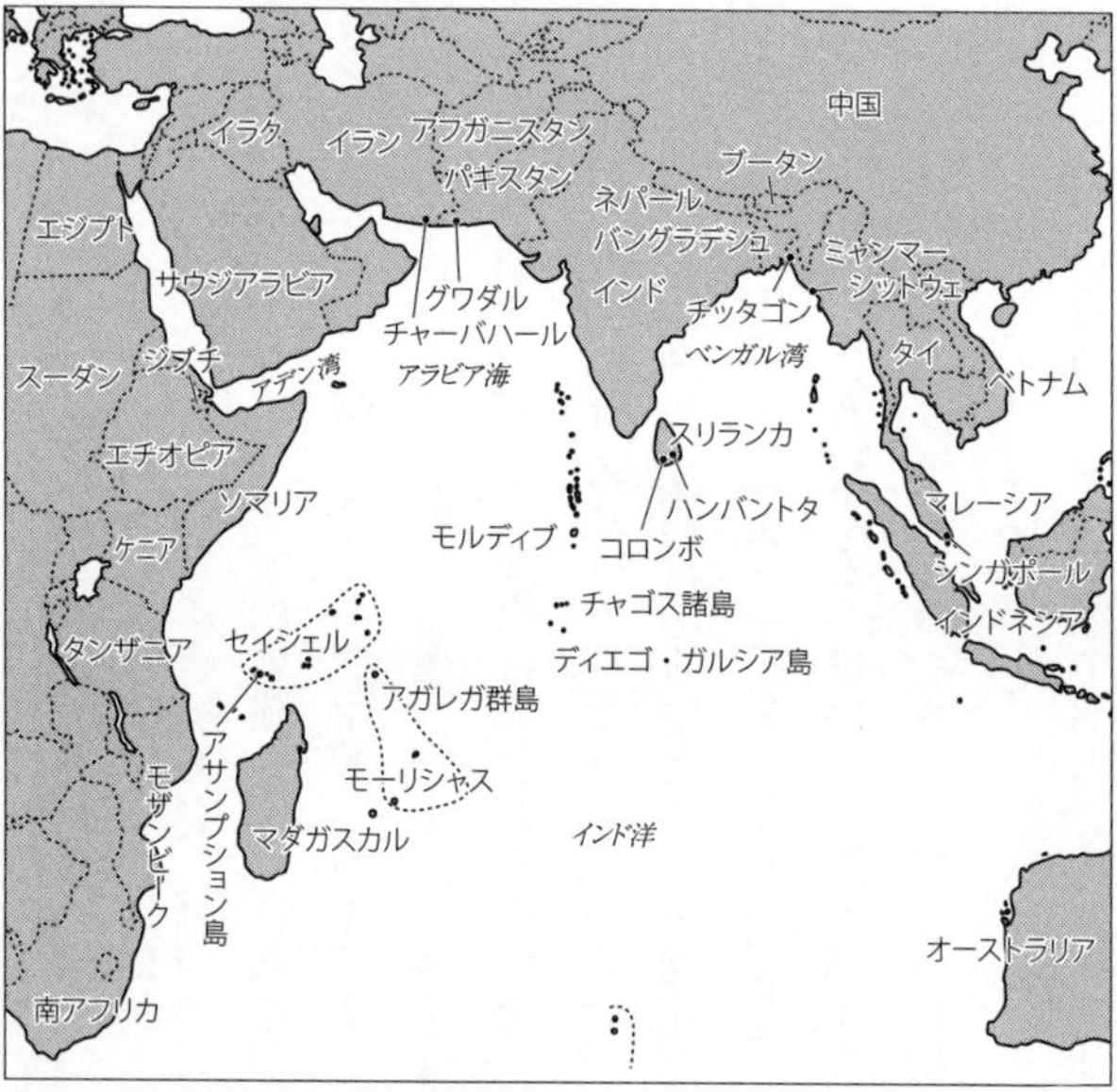

巻く大陸の状況への関心が高いとはいえない。後述するように、そもそもアメリカでさえ、インドが中国、パキスタンと交える紛争に、政治外交的な関与はしたとしても、軍事的に巻き込まれようとはしないだろう。インドはそもそも、アメリカを含め、どの国とも正式な同盟関係にはない。いざ有事となった場合には、独力で戦うことを前提として考えている。そうなると、とくにみずからよりも大きなパワーである中国という敵対者に対しては、むやみに刺激するのは

得策ではない。むしろ、脅威である中国との対立関係をうまく「管理」していかなければならないと考える。明らかに温度差があるのだ。したがって、インドは、日米などに比べると、対中牽制にはより慎重になる。たとえば、オーストラリアを含めたクアッドの枠組みでのマラバール軍事演習や首脳会合をインドが長く躊躇し、その実現に時間を要したのはそうした事情がある。

インドにとって不可欠な、大陸の戦略的パートナーとの関係構築についてはどうだろうか？　ここでは、温度差どころの話にとどまらず、利害や関心の不一致すらみられる。２０２１年８月、米軍はアフガニスタンから撤退した。20年前にアメリカが打倒したはずのイスラム原理主義勢力、タリバン体制が復活する。結局、インドとしては最悪のシナリオが現実のものとなった。これにより、イスラム過激派によるパキスタン経由の反インド・テロが勢いづくかもしれない。そして米軍撤退に伴う力の空白のなか、タリバンの生みの親であるパキスタン、さらにタリバンと親しい関係を維持する中国が、アフガニスタンとこの周辺地域での影響力を広げることになりかねない。

アフガニスタンだけではない。インドが石油や中央アジアへのアクセス国として重視してきたイランとの関係も、アメリカがトランプ政権期に核合意から離脱し、経済制裁をくわえて以来、実質的に大きく制限されたままだ。インドの東隣、ミャンマーでも、2021年2月のクーデターで軍事政権が復活してから、アメリカは非難と制裁を強めるが、それは、インドの隣国への中国の影響力拡大を許すことになりかねない。インドでは、クアッドは、インドの大陸国家としての利益の確保や懸念の解消に役立たないし、クアッドのメンバーは、インドの立場に配慮すらしていないではないか、といった不満が募った。

そうしたなかで起きたのが、2022年2月のロシアによるウクライナ侵攻だった。ロシアの行為はけっして容認できるものではない。それはインドも同じだ。けれども、中国との軍事対峙解消の見通しも立たない厳しい状況下で、もうこれ以上、重要な戦略的パートナーを失うわけにはいかない。南アジア安全保障を研究する伊豆山真理は、ロシアのウクライナ侵攻により、中国とロシアの関係が緊密化すれば、パキスタン、アフガニスタン、ミャンマーなどにおいて、インドに負の影響をもたらす、という懸念が、ロシアへの配慮の背景にあると指摘する。また、インドの国際政治学者、ハッピモン・

ジェイコブも、インドの直面する「中国問題」に対処するには、インドはアメリカを中心とした西側だけでなく、ロシアがどうしても必要だと考えていると論じる。

ユーラシア大陸の地政学的状況がインドに不利なものになりつつあるなかで、最後の友好国、ロシアを手放すことなどできるはずはない。いくら「海洋」に味方をたくさん作っても、「大陸」では孤立してしまうからだ。ロシア製兵器の確保という観点ももちろんあるが、インドの「中立」姿勢は、大きく展開する地政学的変化に対して、インドが大陸国家としてとった行動とみることができる。

先進国vs.途上国の溝

経済面では、「チャイナリスク」が共有されるなかで、すでに述べたように、新たなサプライチェーン構築や「一帯一路」とは別のインフラ支援の提供といったことでは、日本やアメリカとインドとの利害関係は一致している。しかし、両者には越えられない深い溝があることも事実だ。とくにわれわれが見落としがちなのは、先進国と途上国（新興国）という溝である。それはグローバルな経済秩序・ルールのありかたをめぐって、しばしば鮮明になる。

世界貿易機関（WTO）は、貿易自由化のためのドーハ・ラウンド交渉を２００１年に開始したが、20年以上を過ぎても先進国と途上国の対立が解けず、最終合意の見通しは立たないままだ。この途上国側の先頭に立って、声高に主張をつづけてきたのが、インドである。インドはマンモーハン・シン国民会議派政権期に、途上国の農業補助金を認めさせる代わりに、２０１３年末、ようやく貿易円滑化など3分野での「バリ合意」に加わった。しかし直後に誕生したモディ政権は、補助金恒久化の保証が必要だと主張し、翌年7月の条文取りまとめ作業の土壇場で、合意を葬り去ってしまう。結局、インドはアメリカとの2国間交渉でこの点を呑ませることに成功する。こうして、なんとか貿易円滑化協定だけは採択・発効した。

しかしその後もインドは、WTOで先進国の農業補助金は削減すべきだとか、途上国の農産品の公的備蓄制度を恒久化すべきなどといった主張をつづけている。新型コロナの感染拡大をめぐっては、途上国にひろく安価なワクチンを提供するためだとして、新型コロナ・ワクチンを「貿易関連知的所有権（TRIPS）協定」の適用除外とするよう求めた。実現すれば、もともと後発医薬品分野で競争力のあるインドとしては、欧米メーカーの開発したワクチンを製造しやすくなる、という計算が頭にあるのはいうまでもない。

２０２２年５月、バイデン米大統領が提唱したインド太平洋経済枠組み（ＩＰＥＦ）についても、モディ首相は、サプライチェーン強靭化等については積極的な参加姿勢を表明する一方で、デジタルを含む貿易分野には14加盟国中、唯一参加を留保した。関税引き下げの伴わない枠組みとはいえ、インドには、データ流通の自由化を求められることや、貿易が労働・環境基準と結びつけられることへの抵抗感が強い。インドとしては、アメリカ主導でルールが形成され、それに拘束されかねないことを警戒したのである。

金融制度に関しても、インドは先進国主導の枠組みに不満を抱いている。国際通貨基金（ＩＭＦ）や世界銀行では、インドは新興国の発言権強化に向けた改革をつねに要求する「うるさい」国だ。同時に、ＢＲＩＣＳによる新開発銀行の設立や、中国が呼びかけたアジアインフラ投資銀行（ＡＩＩＢ）にも参加するなど、新興国による新たな枠組み作りにも熱心な姿勢を示している。

気候変動問題への対応についても同様だ。国連気候変動枠組条約締約国会議（COP）では、インドの動向が注目され、議論の行方を左右することが多い。その主張は端的にいえば、「気候変動の主たる責任は先進国が負うべきであり、われわれ途上国には、開発の権利がある」というものだ。最近、環境活動家が使う「気候正義」の概念さえ取り込んで、先進国側の責任を糾弾する。インドのウェブサイト、「気候公正モニター（Climate Equity Monitor）」は先進国のこれまでの温室効果ガス排出量が、インドのような途上国に比べて圧倒的に多いことなどを視覚的に示そうとしている。インドの排出量が中国やアメリカに次ぐ世界第3位にあるのは事実だが、1人当たりの排出量でいえば、先進国よりも、また世界平均と比べてもはるかに少ない、というのも、よく耳にする主張だ。

もちろん、インドの隣国モルディブをはじめとした島嶼《とうしょ》国が水没の危機を訴え、近年はインド自身も、熱波や大雨・洪水などの異常気象の被害に見舞われている。そのため、インドとしても、気候変動問題に取り組む必要性は認識している。2021年のグラスゴーでのCOP26では、モディ首相が「カーボンニュートラル」を実現する期限目標を初めて掲げて、国際社会から一定の評価を受けた。けれども、その期限というのは50年も先の話だ。しかも、その実現のためには、先進国から途上国への１兆ドル以上の融資が必要との条件を付けるのも忘れなかった。さらに、インドは「排出削減対策が取られていない石炭火力発電と化石燃料への非効率な補助金の段階的廃止」という最終成果文書の議長案に強く反発し、「段階的削減」へと置き換えさせた。石炭や液化石油ガス（ＬＰＧ）を利用するのは、途上国の権利であり、貧困削減に不可欠だと主張したのである。

このようなグローバルな経済枠組みをめぐるインドの主張は、たびたび日本やアメリカの交渉担当者の頭を悩ませてきた。インドはほんとうに厄介な国だ、という声があがるのも無理はない。近年では、モディ政権も、途上国世界を意味する「グローバル・サウス」概念を取り込んで、自分たちの権利を主張している。

インドが中国を必要とする理由

他方で、こうしたインドの立場と合致するのが、新興国の雄、中国だ。インドと中国は、大きな人口を抱え、これからも経済成長をつづけるという点で共通点がある。そして両国とも、既存のグローバルな経済ゲームの新参者であり、現行のルールのままでは成長が妨げられる。そこで、これを自分たちに有利なものに書き換えたいと考えるのだ。安全保障、政治・外交から、最近では2国間経済関係に至るまで、対立点の際立つ両国だが、ここではインドにとって中国は頼りになる、欠かせないパートナーとなる。インドはＡＩＩＢから全体の約4分の1にあたる最大の融資を受けている。このほか、ＩＭＦ改革やＣＯＰ26での文言修正など、印中の連携が功を奏した事例は事欠かない。インド外交研究者の堀本武功が指摘するように、インドにとって中国は、警戒と協調の「アンビバレント」な位置づけにある国なのだ。

中国はたしかに脅威ではある。それはインドにとっても事実だし、日本やアメリカ以上にその脅威を強く感じているとさえいえる。けれども、脅威だからこそ関与をつづけなければならない。またその中国に並ぶような大国に成長するためにも、同じ途上国、新興国として、インドは中国という存在を必要としてもいるのだ。こうした協力関係が、先進国としての日本やアメリカとのあいだには成立しないのは、いうまでもない。

第3章

インドと距離を置く選択肢はあるか？

「大国」の実力を検証する

世界一の人口大国へ

われわれとインド。自由や民主主義といった同じ看板を掲げてはいるものの、そのなかをよく覗いてみると、ほんとうに価値の大半を共有しているといえるのかどうか疑わしい。そして中国の台頭と挑戦をめぐっても、その対応には温度差があり、さまざまな場面でみずからは途上国、あるいはグローバル・サウスだと強調するインドとは、利害が全面的に一致するわけでもない。だとすれば、なぜそんな国と積極的に付き合わなければならないのか？　もっと距離を置いてもいいのではないか？　そういう疑問がでてくるだろう。本章では、われわれにとって、インドという国と距離を置くという選択肢が現実的なものなのかどうかを検討してみたい。

その前提として大事なのは、インドという国の実力と潜在力がどの程度のものなのかを把握することだろう。インドは中国や韓国と違って、われわれの隣国というわけではない。もし現在も未来も、それほどのパワーをもつ国ではない、ということであれば、遠く離れたインドと無理して付き合う必要はない、という理屈も成り立つからだ。

まずは地理的な視点からみてみよう。前章でも指摘したが、この国はユーラシア大陸南端のインド亜大陸に位置する大陸国家であり、かつインド洋に面する海洋国家でもある。後者に関していえば、ヨーロッパ、中東と、日本や東・東南アジアをつなぐ海上輸送路の中央に、インドが位置するという点が重要だ（前掲の図表16参照）。故安倍元首相も語ったように、インドの海域や港湾は世界中の通商の要といってよい。かつて、ソマリア沖・アデン湾の海賊問題が大きな脅威となった。インド洋に突き出したインドが、不安定化して同様のことが生じたり、万一、インドが航行の自由を妨害するような国になったりするならば、国際通商に及ぼすダメージはそれ以上の甚大なものになる。

メルカトル図法の世界地図を眺めていてもピンとこないだろうが、地球儀をよくみると、インドは面積も意外なほど大きい国だ。もちろん中国にはかなわないが、インドの国土面積は、東欧を除く大陸ヨーロッパとほぼ同じくらいの規模になる。日本の8倍以上の広さだ。そして北部にヒマラヤ山脈があるものの、中央部のデカン高原を含め、国土の大半は、耕作あるいは牧畜が可能で、人の住める環境下にある。

したがって、人口規模が大きく、かつ稠密になるのは、自然の摂理といえるかもしれ

図表17　インドの人口ピラミッド

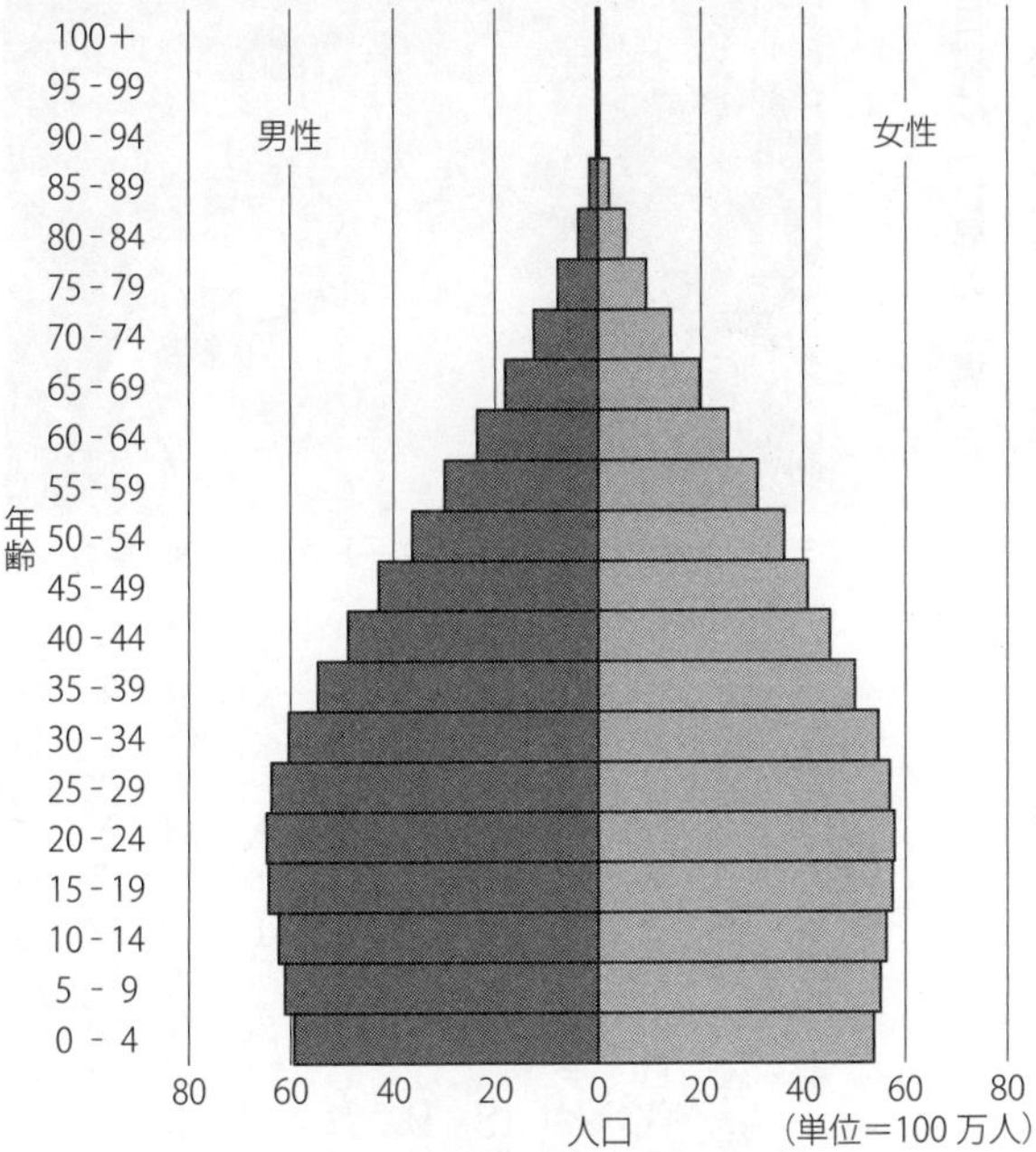

出所）U.S. Census Bureau, International Database

ない。独立した１９４７年時点でもすでに３億４０００万人ほどの人口大国だったとされるが、その後も人口は増えつづけ、半世紀後の１９９７年には10億人を突破した。独立から75年後の２０２２年の国連推計では、インドの人口は14億を超えており、翌２０２３年には中国を上回って、世界一となることが確実視される。

規模の大きさにくわえて、

デリー近郊の都市ノイダのフードコートは客で賑わっている

注目しておきたい特性は、その人口構成だ。日本では、少子化と高齢化が急速に進みつつあり、生産・消費の中核を担う世代の減少が深刻な問題となっている。長く「一人っ子政策」をつづけてきた中国においても、同様の傾向が指摘されはじめている。インドはこれとは対照的だ。2019年に行われた総選挙の有権者数は、9億人だった。18歳以上の男女が有権者であるから、18歳未満の「子ども」がなんと4億人以上もいることになる。若い世代の多い「ピラミッド型」の人口構成だ（図表17）。今後数十年間、生産・消費人口がこれだけの規模で増えつづける国はほかにない。

目標は「世界の工場」

この「人口ボーナス」こそ、インドの経済成長の土台だ。長らく「眠れる巨象」など

図表18　日中印3カ国の経済成長率の推移

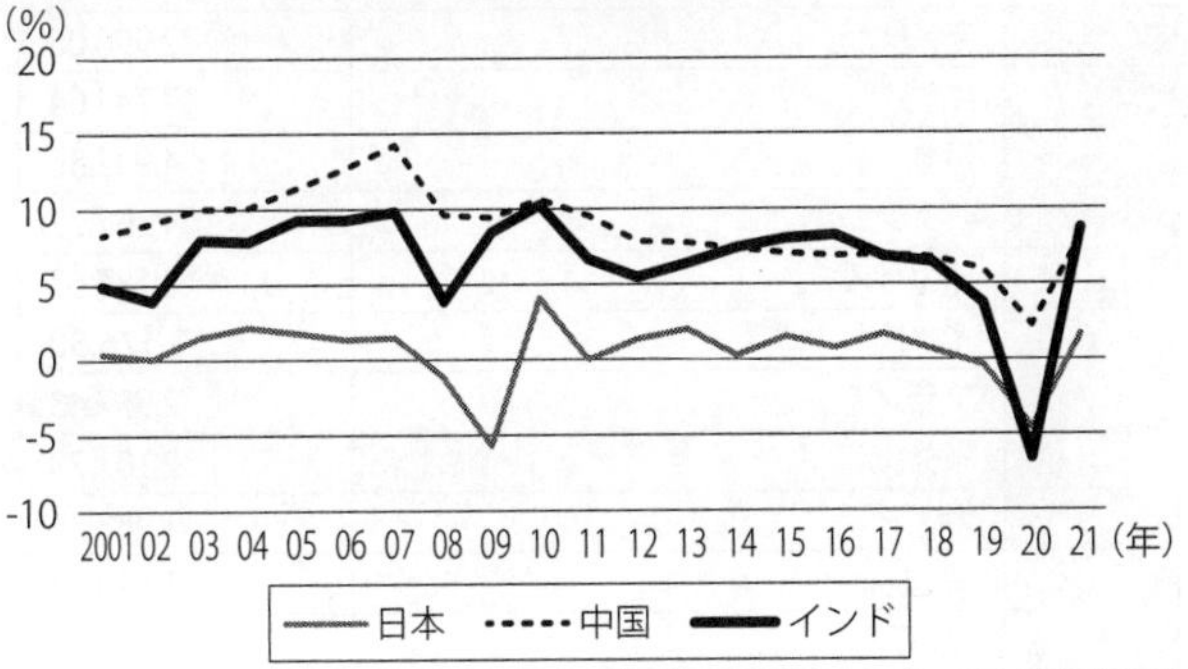

出所）IMF データベースより筆者作成

と揶揄されてきたインド経済だが、1991年に本格的な経済自由化に踏み切って以降、段階的に規制緩和や民営化、外資の導入が進んだ。年率にしてほぼ5～10パーセントの経済成長がつづく。とくに2014年のモディ政権発足以降に絞れば、中国と同等か、あるいは上回る成長率の年がほとんどだ。長期のロックダウンを余儀なくされたコロナ禍の2020年こそ、日本以上の大きなマイナス成長となったものの、そこからの回復は比較的早かった（図表18）。

順調な経済成長に伴い、国内総生産（GDP）は着々と伸びている。アメリカ、それを猛追する中国のビッグ2とはまだまだ比べようもないが、それ以外の主要先進国、G7の域には間違いなく達してい

図表19　2021年の世界のGDPランキング　（単位10億米ドル）

1位	アメリカ	22,996.08
2位	中国	17,744.64
3位	日本	4,932.56
4位	ドイツ	4,262.77
5位	イギリス	3,187.63
6位	**インド**	**3,176.30**
7位	フランス	2,957.43
8位	イタリア	2,101.28
9位	カナダ	1,988.34
10位	韓国	1,810.97
11位	ロシア	1,778.53
12位	オーストラリア	1,635.26
13位	ブラジル	1,608.08
14位	イラン	1,589.87
15位	スペイン	1,426.22
16位	メキシコ	1,297.66
17位	インドネシア	1,187.32
18位	オランダ	1,013.52
19位	サウジアラビア	833.54
20位	トルコ	817.51

International Monetary Fund, World Economic Outlook Database, October 2022をもとに筆者作成

る（図表19）。ＩＭＦが２０２２年に発表した中期予測は、インドのＧＤＰは今後、イギリス、フランスを完全に引き離し、２０２５年にドイツ、そして２０２７年には日本を追い越して世界第３位となるとしている。もちろん、その時点でも、人口１人当たりのＧＤＰでいえば、インドは世界の下位にとどまっているだろう。つまりインド人が日本人より豊かになるという

わけではない。けれども、「国力」としてみれば、近いうちに日本がインドに抜かれるのは間違いない。

このような自由化以降のインド経済の成長の中心にあるのが、ＩＴや金融を中心とする第３次産業の台頭だ。第３次産業は労働人口の３割強、ＧＤＰでは半分を占める。他方で、製造業など第２次産業は、未発達なままだ。たしかに医薬品の製造に関しては、モディ首相みずから「世界の薬局」と胸を張るほどの優位性を誇ってはいる。しかし全体としてみれば、製造業はインドでは立ち遅れており、依然として４割以上の労働人口が第１次産業に従事している。モンスーンがちゃんと来て、雨が降るか降らないかによって生活が左右される農村人口がまだまだ多いということだ。

そこで、豊富な若年層の所得を増やし、消費を拡大する、すなわち、人口ボーナスをもっと活かすためには、労働力の第２次産業への移行が欠かせない。２０１４年に成立したモディ政権が、「メイク・イン・インディア」のスローガンを掲げ、各国から製造業への投資を誘致しているのはそうした認識にもとづく。かつての中国と同様、インドが「世界の工場」となるのを目指しているのだろう。

もちろんそのためには、教育水準の底上げが不可欠だ。インドに進出した日系企業にアンケート調査を実施した佐藤隆広によれば、「質の高い労働力の確保」が、インドにおける最大のビジネス障害とみなされているという。たしかに、インド独立当初の識字人口は2割にも満たなかった。それでも、２０１１年のセンサスによると、識字率は74パーセントにまで上昇した。就学率の向上に伴い、ユネスコの推計では、若い世代の識字率は９割を超えているとされる。

先進国と比べると大学進学率はまだ低いものの、進学希望者は増加傾向にあり、優秀なエンジニアを輩出してきたインド工科大学（ＩＩＴｓ）などの入試競争は激しい。倍率１００倍ともいわれる超難関大学を目指して、塾、予備校などに子供を通わせる家庭は多い。そうしたエリート校に入れば、カーストの壁も越えられるのではないか、という期待もある。ＩＴ

インド工科大学（ＩＩＴｓ）デリー校

のような新しい高度専門職は、伝統的なカースト（ジャーティ）には存在しなかったものだからだ。

海外への留学も増えている。とくにアメリカへの留学生数では、2022年には、インド人は中国人を上回り、国別でトップに立った。米中関係悪化の影響もあるが、英語にコンプレックスのない、それなりに裕福な家庭出身のインドの若者たちが増えているのだ。またインド国内でも、IITs、デリー大やネルー大など、名の知れた名門国立大学だけでなく、近年、つぎつぎと私立大学が新設され、学生を受け入れている。こうした変化が起きているのをみれば、これからのインド経済の成長を支える土台は整いつつある。

世界第3の軍事力

経済成長のおかげで、軍事費も増えつづけている。GDPに占める割合でいえば、およそ2・5〜3パーセント程度で大きな変化はなく、けっして背伸びをしているわけではない。とはいえ、長くGDP比1パーセントの枠に固執し、経済もゼロ成長のつづい

図表20　主要国の軍事費の推移（米中除く）

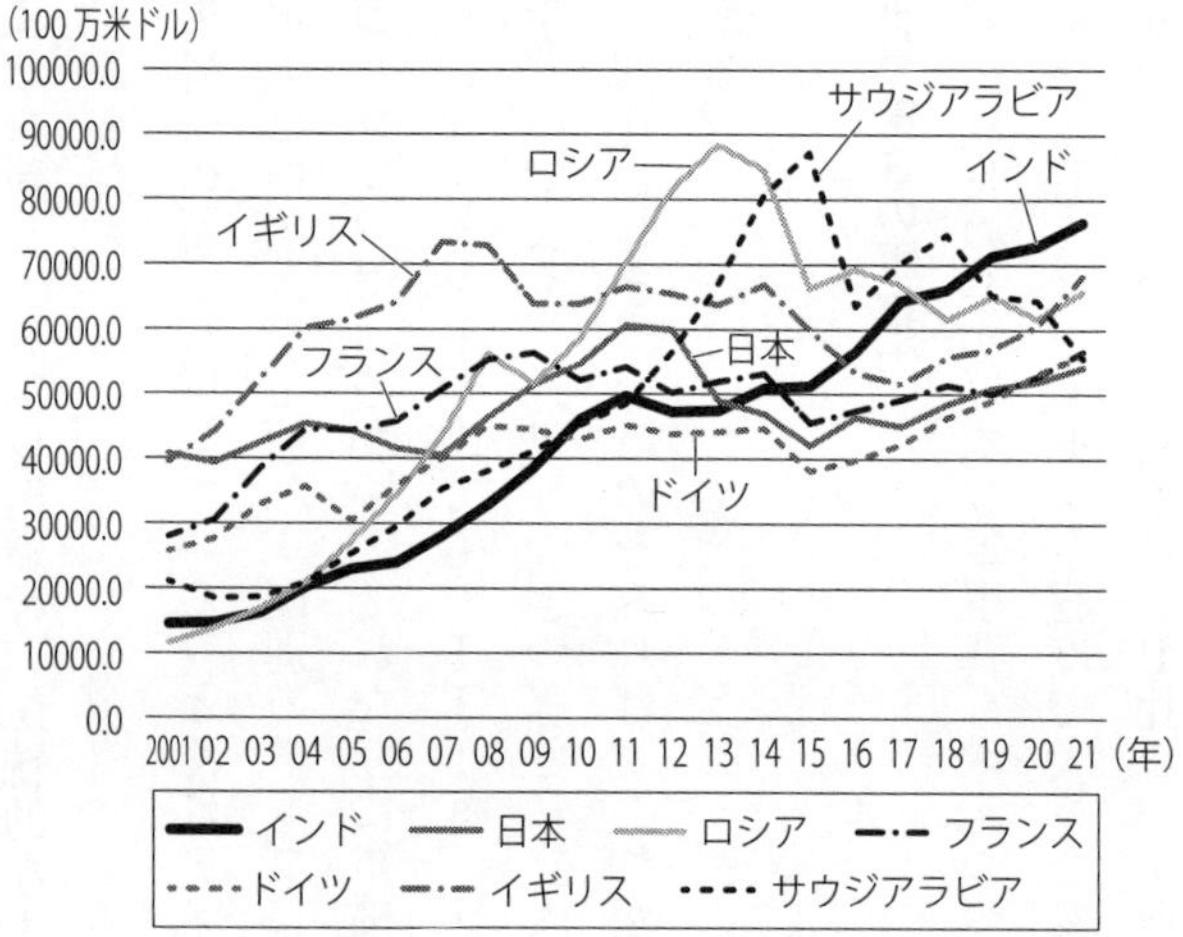

出所）　SIPRI 2022

てきた日本とは対照的だ。ストックホルム国際平和研究所（SIPRI）のデータベースによると、インドの軍事費は2014年に日本を抜き去り、17年にロシア、19年にはサウジアラビアを上回った。GDP同様、アメリカ、中国の2強とは格段の差があるとはいえ、軍事費では、すでに世界第3の軍事大国となっている（図表20）。

これだけの潤沢な予算があれば、当然、人員と装備を充実させることが可能になる。もともとインド軍は、人員としては多く、今世紀初めの時点でも126万の規模を誇っていた。しかし、2022年の『ミリタリーバランス』によると、現在では中国に次ぐ１４６万人もの正規兵を抱えている。じつは、インドにはこれ以外に、中央警察予備隊や国境警備隊などの「準軍隊」が１６０万人もいる。これもくわえると、中国を上回る世界一の人員ということもできる。ただ前述したように、インドがこれまで抱えてきた脅威は、中国、パキスタンであったこともあり、そのほとんどは陸軍に偏重している。それでも海軍７万、空軍14万という兵力は、日本の海上自衛隊４万５０００、航空自衛隊４万７０００を凌駕する規模だ。

急速な軍事費の伸びは、もちろんこの多くの兵士の福利厚生向上にも使われているが、世界が注目するのは、活発な兵器の購入だ。とくにこれまでは日陰の存在だった空軍や海軍は、ここぞとばかりに最新鋭の兵器調達に乗り出した。これまで旧ソ連時代の戦闘機ばかりだった空軍は、次世代戦闘機としてフランスのラファールを選定し、２０２１年、緊張のつづく中国との前線に配備した。海軍は、冷戦期に導入されたイギリス製空母の退役を先送りして、「騙し騙し」使いつづけていたが、２０１３年にロシアから新たに空母を取得した。さらに２０２２年には、ついに初の国産空母も就役した。このほか、核弾頭搭載可能な大陸間弾道ミサイル、アグニVの開発も進む。宇宙分野への進出にも積極的だ。アメリカ、ロシア、中国に次いで、2019年には対衛星破壊兵器（ASAT）実験に成功している。軍事面で、インドがもはや侮れない存在になってきているのは明らかだ。

ヨガとカレーとガンディーの国

このように、経済力や軍事力のようなハードパワーの向上が著しいのはたしかだが、インドは世界のひとびとを惹きつける魅力、いわゆるソフトパワーの源にも恵まれている。あの白亜のタージ・マハルをはじめとして、インドは長い歴史と文明を通じ、複数の宗教と文化が織りなすなかで培われた多くの世界遺産を誇る。インド政府が観光キャンペーンとして掲げる「インクレディブル・インディア（信じがたいほどのインド）」というのは、けっして誇張ではない。インドを旅していると毎日、想像できないことをいくつも目にするし、自分自身が体験する。世界中の多くの若いバックパッカー、年配のツアー客らを魅了してやまない国だ。

インドは、かつてあのビートルズも修行した、ヨガ発祥の国でもある。モディ政権は、ヨガを５０００年のインドの伝統が生んだ貴重な贈り物だとして、国連に働きかけ、６月21日を「国際ヨガの日」と定めさせた。以来、世界各国のインド大使館が中心となって、ヨガの普及に努めている。

映画大国インドのシネマコンプレックス

世界一の映画大国であることもよく知られている。映画産業の中心地、ムンバイは「ハリウッド」にちなんで「ボリウッド」と称される。歌って踊るインド映画が人気なのは、いまや南アジアとインド系住民の多い国にかぎらない。「きっと、うまくいく」（２００９年）、「ダンガル　きっと、つよくなる」（２０１６年）、そして「ＲＲＲ」（２０２２年）など、欧米や日本でも記録的な興行収入となる映画は多い。

スパイスの効いたインド料理も、世界各地で人気を博している。筆者はスイスのアルプスの観光地でインド料理店を見つけて、仰天したことを覚えている。ナンで食べるお馴染みの北インド・カレーだけではない。日本でも、南インドの米で食べるサラッとしたカレーや、魚介の出汁《だし》が特徴のベンガル・カレーなどを提供する店があちらこちらにある。それに舌鼓を打つのはインド人、インド系住民だけではないのは、日本語のレストラン・ガイドブックがいくつも出ているのをみればわかるだろう。

これらにくわえて、インドには誇るべき思想や理念のシンボルがある。インドの政治指導者たちが、事あるごとに世界に向けて強調するのが、「ガンディーの国」というアピールだ。非暴力を実践した平和主義者であり、宗教間の融和を説いたマハトマ・ガンディーは、インドのモラル、良心を体現する偶像として位置づけられている。1998年の核実験、中国やパキスタンに対する軍事力増強と対決姿勢、モディ政権下のヒンドゥー・ナショナリズムとマイノリティ弾圧といった動きは、これとまったく矛盾するように思えるかもしれない。

ところが興味深いことに、モディ首相やBJPは、カシミール問題や対中政策などをめぐって、初代首相のネルーの宥和的な政策を否定するものの、ガンディーには称賛を与え、対外的にも、ガンディーをインドのシンボルとして誇りつづけている。モディ首相は、故郷を同じくするガンディーが独立運動の拠点としたサバルマティ・アシュラムに、安倍晋三、習近平、トランプといった各国首脳を招いた。また、ガンディー生誕150年となる2019年10月2日の米ニューヨークタイムズ紙には、「なぜインドと世界にはガンディーが必要なのか？」と題する文章を、自身で寄稿までしている。

デリーにあるガンディーの「塩の行進」像

そこからうかがえるのは、ガンディーの独立を導いたナショナリズム、糸車でカーディー（綿布）を織ったスワデーシー（国産品愛用）運動、人間と環境の調和を求める主張などを切り取って、モディ政権のナショナリズムや経済的自立、再生可能エネルギーの推進策と結びつけようとする思惑である。偉大なガンディーは、どんな政治指導者にとっても、引証する価値のある偶像なのだ。

もちろん、モディ政権のパキスタン空爆や、ムスリム、

ガンディーが生活の拠点にしたサバルマティ・アシュラム

ジャーナリスト、その他反体制派の抑圧といったニュースが、インドの国際的イメージを傷つけているのは間違いない。非暴力と平和主義、自由、寛容、多様性のあるインドはどこへ行ったのか？　厳しい問いが、とりわけ欧米から投げかけられているのは事実だ。モディ政権が、ガンディーの偶像を放棄せず、むしろ積極的に、ガンディー主義（の一部）にコミットしていることをアピールさえしているのは、そうした批判を意識したものともいえるのかもしれない。ガンディーは依然として、インドが世界と接するときの貴重なツールでありつづけている。

２０２２年12月から、インドは世界主要20カ国・地域（G20）の議長国となったが、モディ政権は各種会合をデリーだけでなく、インド各地で開催すると発表した。その前月のG20サミットで、インドネシアから議長国を引き継ぐにあたり、モディ首相は、

「仏陀とガンディーの聖地」で、平和への強いメッセージを発すると述べるとともに、「皆さんは、インドの驚くべき多様性、包摂的な伝統、文化的豊かさを十分に体験されることでしょう」と胸を張った。G20をインドの魅力を世界に知らしめる機会にすることができると考えているのである。

日本のGDPがインドの4分の1になる日

このようにみると、インドの国力は総合的にみて、現時点でも相当高く、今後はさらなる伸びも予測される。２０２２年、独立して75年になるのに合わせて、モディ首相は演説を行い、現在の若い世代が社会の中軸を担う25年後、つまり独立１００周年までにインドを先進国入りさせるとの決意を表明した。近い将来には、「米中印３Ｇの時代」が到来するといった見方さえある。インドが経済力や軍事力で、米中に並ぶというのはいいすぎだとしても、３番手につける可能性はきわめて高い。

まさにこの点にこそ、インドの重要性がある。中国の台頭に伴い、アメリカの覇権的地位は揺らいでいる。米中二極の世界の可能性も語られるいま、インドの動向が世界秩

図表 21　インド太平洋地域主要国の名目 GDP 長期予測

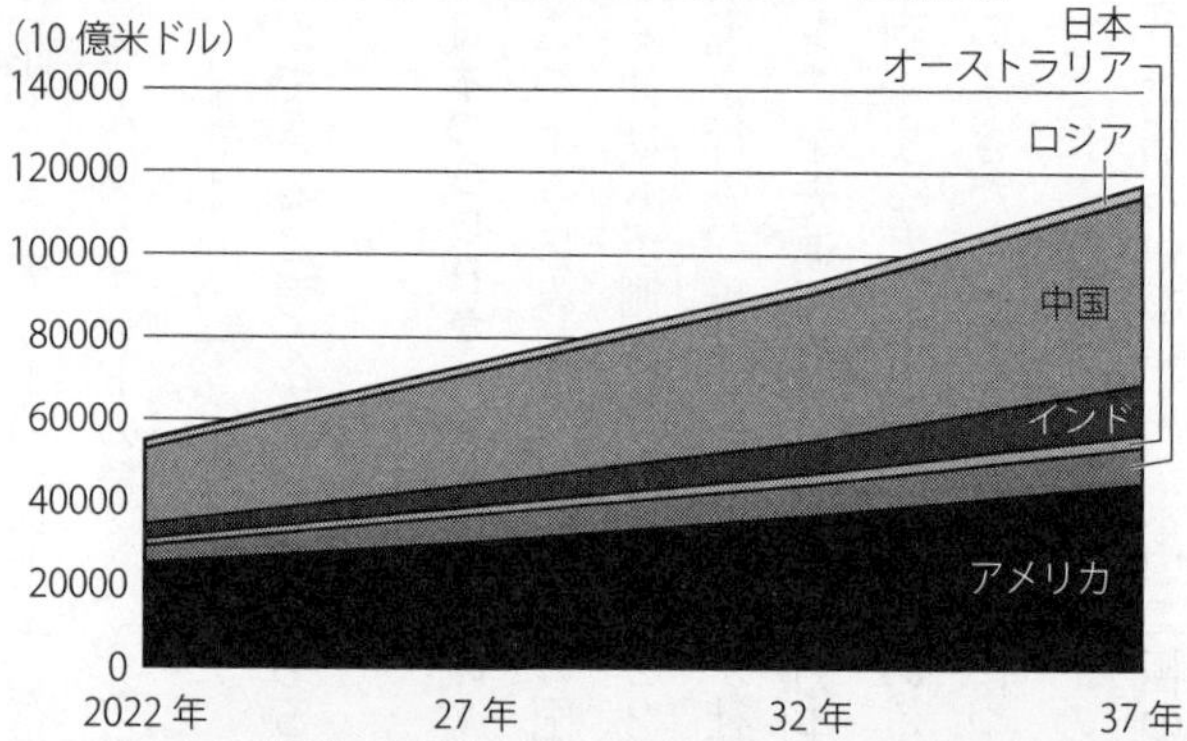

出所）　CBER, World Economic League Table 2023 より筆者作成

序のカギを握ると考えられるからだ。

ここでは、世界のシンクタンクなどが発表しているGDPの長期予測をもとに、とくにインド太平洋地域の未来勢力図を描いてみよう。まず、イギリスを本拠とするシンクタンク、「ビジネス経済研究センター（CBER）」が2022年12月に発表した、『世界経済リーグ・テーブル2023』は、2022年以降、5年ごと、2037年までの各国GDPの見通しを示している（図表21）。

CBERの報告書によれば、中国は2037年の前年、2036年には、アメリカを抜いて世界一の経済大国となるという。米中逆転の時期は当初は2030年代初めともみられていたが、長期化した「ゼロコロナ政策」とその後の感染拡大などで、その時期がやや遅れるものとみられている。また中国国内の債務問題、今後の少子高齢化の影響、アメリカによる中国経済とのデカップリング（切り離し）政策や台湾問題などを考えると、中国経済が飛躍的に成長しつづけることはないとの見方もある。同じころに予測を発表した日本経済研究センターは、２０３６年以降も中国の成長鈍化がつづく公算が大きく、ＧＤＰでアメリカを上回ることはないのではないかとしている。また、いったん中国が逆転したとしても、その後ふたたびアメリカが抜き返すという可能性も指摘されている。しかしそうした点を割り引いたとしても、２０３０年代中盤のインド太平洋地域においては、中国とアメリカが並び立つ状況が想定される。このなかで、中国にロシアをくわえた権威主義陣営と、アメリカに日本、オーストラリアをくわえた自由民主主義陣営のＧＤＰが拮抗した状態になるのは、ほぼ間違いないだろう。どちらかが圧倒して覇権を確立するような状態は想定しにくい。

この２０３０年代中盤のインド太平洋地域秩序を考えるとき、重要な意味をもつのがインドだ。インドは、この時点で米中とはかなり差があるとはいえ、第３の経済大国となっている。単純に考えれば、インドがどちらの側につくかによって、地域の、少なくとも経済秩序の帰趨が決まる。インドの動き次第で、今後の秩序の主導権は、アメリカを中心とした自由民主主義陣営にも、中国を中心とした権威主義陣営にも行く可能性があるということになる。

さらに先の未来図になると、この流れがいっそう明確になる。同じくイギリスを本拠とするグローバルなコンサルタント企業、プライスウォーターハウスクーパース（ＰｗＣ）は、２０１７年２月に、『２０５０年の世界』を発表した。同報告書によれば、中国の成長率が２０３０年代以降、先進国並みに低下するのとは対照的に、人口ボーナス

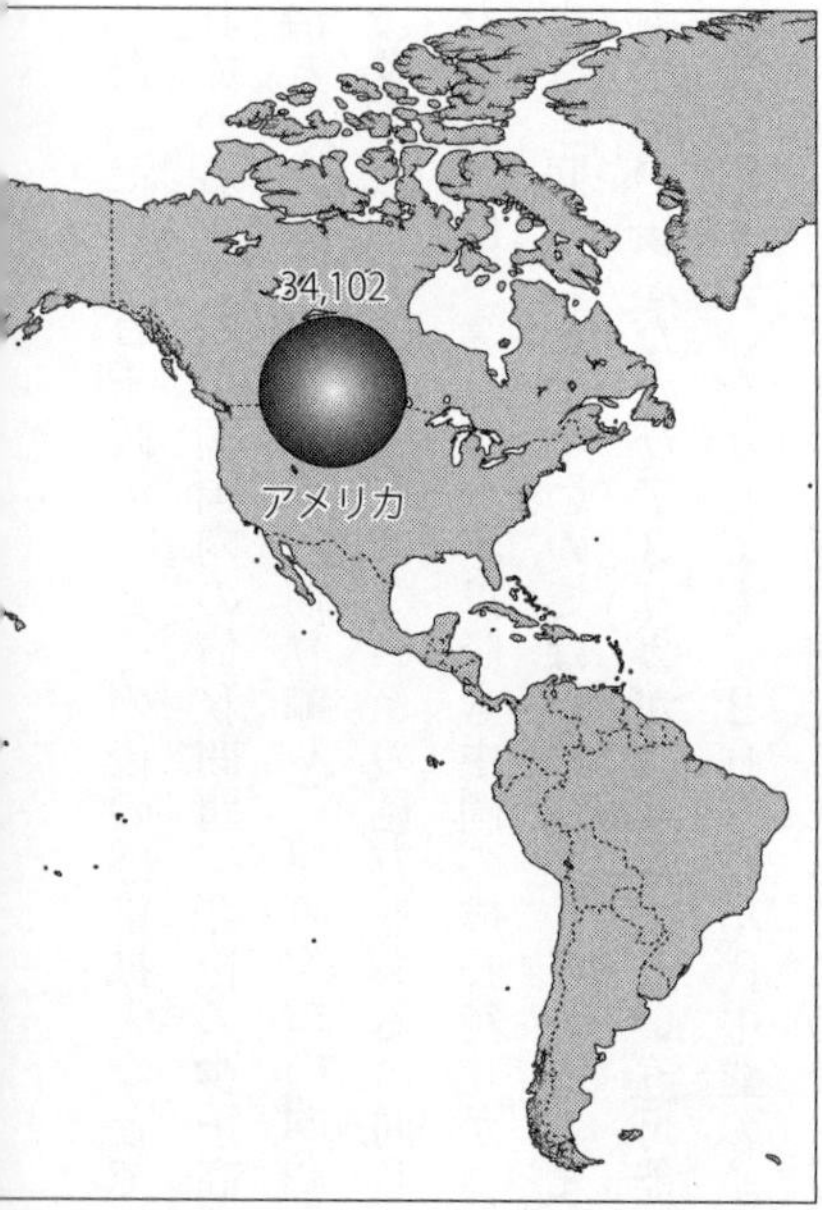

単位＝10億米ドル

図表22 「2050年の世界」の経済力（各国GDP）

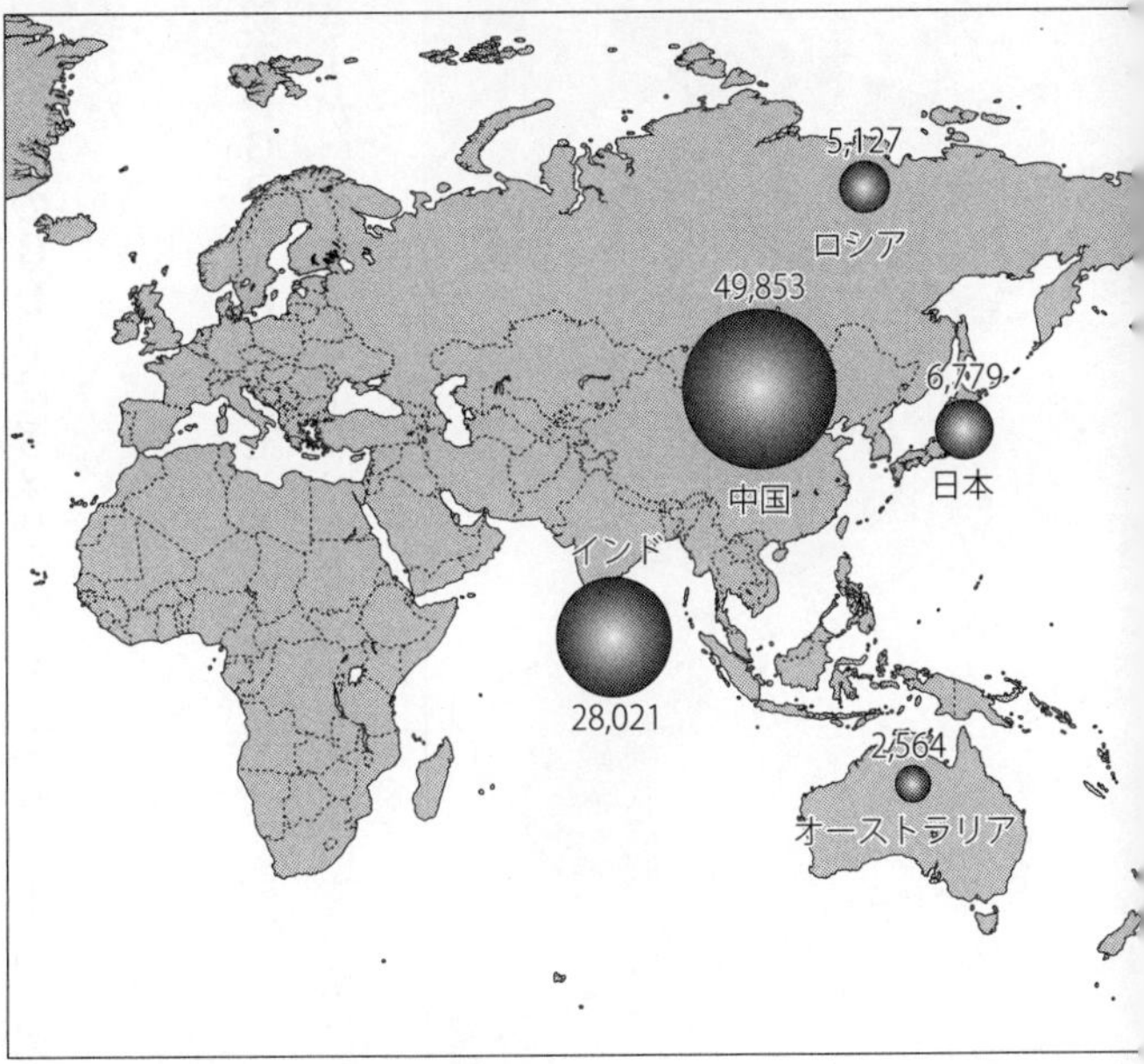

出所）PwC, The World in 2050より筆者作成

のつづくインドは、２０４０年代まで高成長を維持する。その結果、２０５０年には、インドのＧＤＰはアメリカの82パーセント、中国の56パーセントにまで接近するという（図表22）。想像したくはない話かもしれないが、このときには日本のＧＤＰは、インドの４分の１にも満たない。

もっと先の、約半世紀後の予測もある。２０２２年12月、米投資銀行、ゴールドマン・サックスは、２０７５年までに、インドのGDPはアメリカをも上回り、中国に次ぐ世界第2位の経済大国になると発表した。

防衛費GDP比2パーセント論の落とし穴

さすがに2075年というのは、あまりに遠い話に聞こえるかもしれない。ただ、4半世紀後の2050年であれば、いまの大学生から30代までの世代が、社会の中軸で活躍するはずの、比較的近い、現実味のある未来だ。

さて、この2050年の時点で、各国の軍事費のほうはどうなっているだろうか？

軍事費を支える基盤は、いう

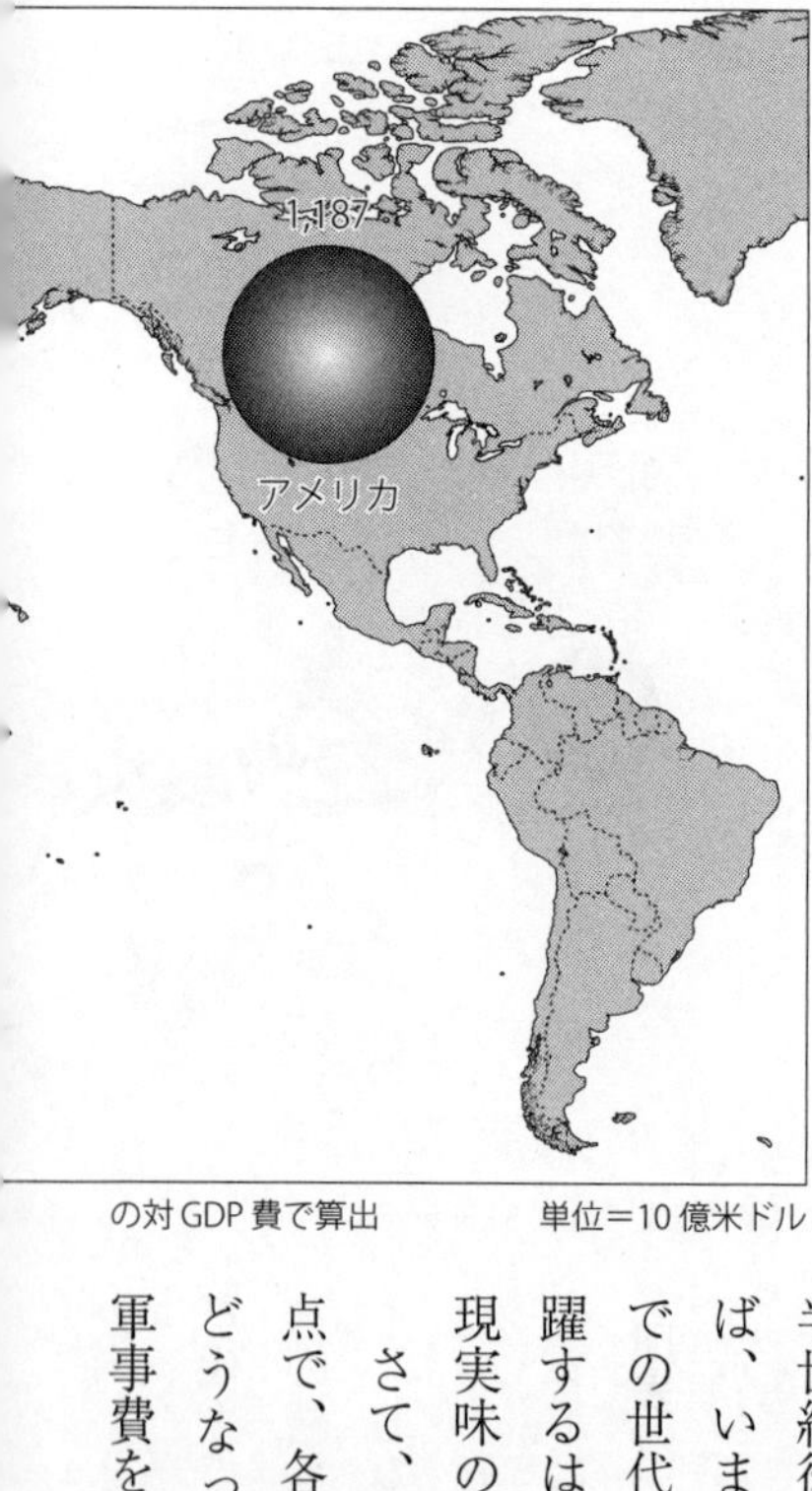

の対GDP費で算出　　単位＝10億米ドル

図表23　「2050年の世界」の軍事力（各国軍事費）

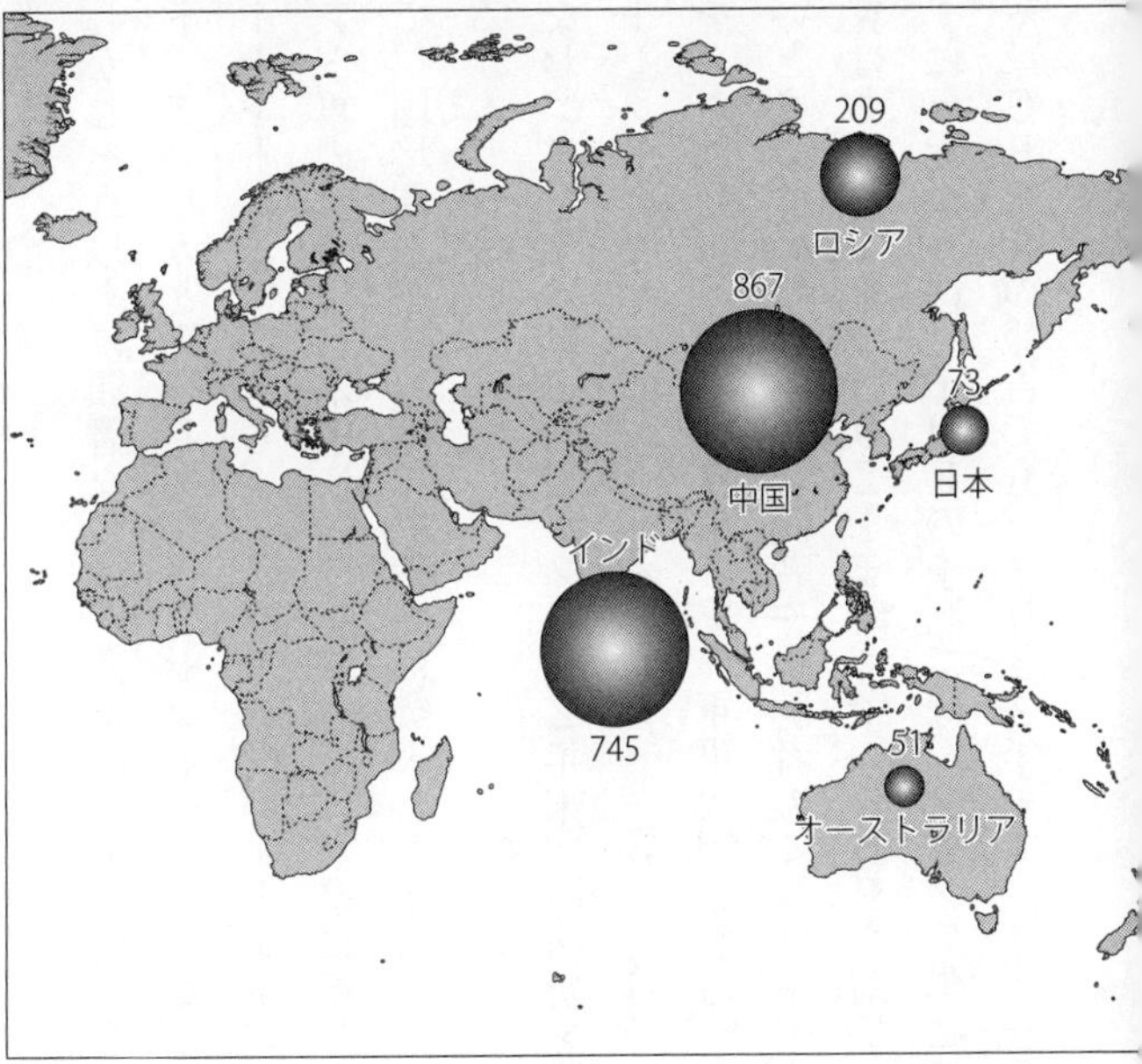

出所）PwC, The World in 2050のGDP予測をもとにSIPRIデータベースの2021年

までもなく経済力である。そこで、各国のGDPに占める軍事費の割合が、現在と変わらないものと仮定して、PwCの予測をもとに2050年の軍事費を算出してみた。そうすると、驚くべき結果となった（図表23）。アメリカは、たとえGDPで逆転されても、軍事費ではナンバー1をなんとか維持している。ただ、米中軍事費の差は大幅に縮小し、2021年時点での2・8倍から2050年には1・4倍

に半減する。

しかしそれ以上に顕著なのは、インドの伸びだ。２０２１年時点では中国の27パーセント、アメリカと比べると10パーセントにも満たなかったインドの軍事費は、中国の86パーセントにまで肉薄し、アメリカの63パーセントに達する計算になる。そうすると、インド軍の戦力は、米中に引けを取らない水準に達していることだろう。中国とのあいだで、国境問題やインド洋で戦闘に突入したとしても、勝利できる、という自信もでてくるかもしれない。

なお、日本では岸田内閣が２０２２年末、防衛費を２０２７年度までにGDP比で２パーセントにまで増額すると発表した。これを受け、一部メディアでは、「日本がインドをふたたび抜いて、世界第３位の軍事大国となる」などと報じられている。これは間違いとまではいわないが、読者や視聴者のミスリードを誘う報道だ。というのも、この計算はあくまでも、２０２１年時点でのGDPを前提にした話にすぎないからだ。これまでにみたように、IMFの予測では、２０２７年に日本のGDPはインドに追い越される。CBERの報告でも、２０３２年までにはそうなる見通しだ。だとすると、インドが今後も２・５パーセント前後の軍事費を維持するかぎり、日本の防衛費がインドを上回るなどということはまず起こりえない。

このように、今後のインド太平洋地域では、アメリカと中国の国力差が縮小して並ぶようになる、あるいは逆転するかもしれない。アメリカと同盟関係にある日本やオーストラリアは、どう頑張ってみても、現状維持が精一杯だ。そのなかでインドの台頭は確実視される。だとすれば、インド太平洋地域の経済・安全保障秩序のゆくえは、インドがどう動くかによって決する可能性が高くなっているだろう。通商と航行の自由、民主主義、人権、国際ルールや法の支配、社会の開放性等に立脚したリベラルな国際秩序を今後も維持していきたいのであれば、このカギを握る国をできるだけこちら側に引き寄せるしかない。

インドという国とは、いくら嫌でも、厄介でも、やはり関わらざるをえないのだ。

第4章

インドをどこまで取り込めるか？

考えられる3つのシナリオ

「アジア版NATO」？

これからのインド太平洋秩序はどうなっていくのか？　もちろん、われわれ自由民主主義陣営が望むのは、「自由で開かれた」インド太平洋秩序を維持することだろう。これまでの章でみてきたように、インドという国は、われわれと、価値や利益を現実に共有しているかどうか疑わしい面があるのは事実だ。しかし、だとしても、「中国やロシアに比べると」、われわれに近いところが多い。

そのうえ、2030～50年のインド太平洋地域の勢力図では、米中の、また日米豪自由民主主義陣営と中ロの権威主義陣営の力の差が、かぎりなく縮小し、ひょっとすると逆転してしまっているかもしれない。そうなると、そのとき、いまよりも大きな力をもっていると予測されるインドは、なんとしても取り込みたい、ということになる。安倍晋三が2012年末に第2期政権を樹立する際に披歴した「セキュリティダイヤモンド構想」にはそうした思惑があった。安倍は国際NPOのプロジェクト・シンジケートに発表した英語論文のなかで、オーストラリア、インド、日本、米ハワイ州で四角形をつくり、中国の進出によって危機に晒されている海洋のコモンズ（共有地）を守らなければならない、と主張した。

しかし問題は、インドという国が、アメリカや日本、オーストラリアに、現状よりも接近するということがありうるのか、である。日米、米豪間にみられるような同盟を、自由民主主義陣営と結ぶようなことはあるのだろうか？

現時点で、インドはどの国とも同盟関係にはなく、アメリカとであれ、日本とであれ、オーストラリアとであれ、その他ヨーロッパ諸国とであれ、すべて、同盟国未満の「戦略的パートナーシップ」関係にとどめている。クアッドについても、同盟ではないという立場だ。ジャイシャンカル外相は、クアッドを「数多くあるグループのひとつにすぎない」とし、「（インドは）柔軟性のない同盟は回避する」と主張してきた。この姿勢は、2020年の中国との軍事衝突を受けても変わることはなかった。「民主主義国同盟」を呼びかけるアメリカに対し、同外相は、アメリカは同盟思考を「乗り越える」必要がある、とはねつけた。相当、頑なである。

ということは、現状のままでは、インドがクアッドの同盟化を受け入れるはずはない。

少なくともインドを取り巻く環境になにか劇的な変化がないかぎりは、インドが日米豪など西側に、よりいっそう傾斜を強めるというシナリオは起こりえない。

それでは、インドの態度を変えうる環境変化とはなんだろうか？　それは、普通に考えれば、現状のままでは、インドの存立が成り立たないとインドが判断した場合ということになる。想定されるのは、なんといっても、中国の軍事的攻勢が、２０２０年のガルワン衝突レベル以上に本格化し、それにインドが耐えられなくなる事態だろう。要するに、このままでは、中国に侵略されてしまう、と本気で恐れるようになった時だ。

前章でみたように、２０５０年までには、中国も、総合的な国力でインドからの猛追を受けている可能性が高い。だとすれば、中国としてはそれまでのうちに、インドをたたいてねじ伏せておきたいところだ。中国共産党指導部が、インドとの未解決の国境問題を武力で解決し、中国の秩序をインドに強制しようとしたとしても不思議ではない。

かつてインドが、中国の脅威に対して、自国の軍事力を増強するとともに、ソ連との連携を強化することで対処しようとしたことは、第2章で述べた。将来も、同じ手法は通じないだろうか？

まずは、自前の軍事力増強がどこまで可能かについてだ。前章でみたCBERの予測によると、少なくとも2030年代までは、中国とインドのGDPの差はほとんど縮まらない。そうであれば当然、軍事費の差も、それほど縮小しないだろう。もちろん、軍事費の割合を増やすということもまったく考えられない話ではないが、それは中国以上にインドでは難しいだろう。この時点では、インドは経済成長の途上であり、そのなかで民主主義国として軍事費の比重を増やすことに国民の支持を得るのは簡単ではないからだ。

それに、たとえそれ以降のGDPの伸びとともに、軍事費が増えたとしても、その成果が装備等を含めた軍事力として反映されるには時間を要する。つまり、中国の軍事力増強にインドだけで対抗しようとしたとしても、実際に軍事侵攻されるときまでに間に合う保証はない。もちろん、中国もそんなことはわかっているから、インドの準備が整うまでに行動を起こす可能性が高い。

それでは、ソ連の後継国、ロシアというインドの伝統的パートナーとの関係は使えないのか？　こちらのほうは、もっと心もとない。冷戦後のロシアの力は、かつて超大国としてアメリカと張り合ったソ連のものには遠く及ばない。もともと、インドにとってのロシアの重要性は、相対的に低下傾向にあった。2022年にプーチン大統領がはじめたウクライナとの戦争のなかで、インドがロシアを非難せず、原油やガスの輸入を増やしたのはたしかだが、中長期的には、インドにとってのロシアの価値の低下に拍車がかかることになるだろう。というのも、戦争の長期化と泥沼化によって、ロシアの国力低下と中国依存が加速することは避けられないと考えられるからだ。インドが、中国の脅威に対処するためにロシアを頼ろうとしたとしても、肝心のロシアが中国に依存するようになってしまっていては、まったく話にならない。

クアッド首脳会談を前に記念撮影に臨む首脳たち。右端からモディ印首相、岸田首相、バイデン米大統領ら。2022年5月24日撮影。読売新聞社提供

このようにみると、インドが、今後、日米豪の側に、より傾斜するということも、まったくあり

えないシナリオというわけではない。インド人研究者のなかにも、その可能性を指摘する者も、とくに若手のあいだに出てきている。戦略家として活躍するハルシュ・パントは、インドは民主主義陣営の側につくべきだと明言する。また、中国専門家で、対中警戒論者の筆頭ともいえるジャガンナート・パンダは、２０２２年の論文で、インドが、「アジア版ＮＡＴＯ」を受け入れる可能性もあると期待感をもって論じた。

しかしそうした見解はインドの外交・安全保障サークルの主流にはなっていない。インド国家安全保障顧問を務めた経験をもつＭ・Ｋ・ナラヤナン、シヴシャンカル・メノンらは、インドが西側につくことは得策ではなく、安易に中国叩きに乗るべきではないと警鐘を鳴らす。「けっして同盟化させないクアッド」というジャイシャンカル外相の路線のほうが、ひろく受け入れられているのだ。詳しくは後述するが、インド外交の特質に鑑みると、インドがアメリカを中心とした西側と同盟を構築するシナリオの蓋然性は、きわめて低いと推定される。この道を選択することがあるとすれば、インドがほんとうに追い込まれて、他に打つ手がなくなったときにかぎられるように思われる。

クアッドに先んじたＲＩＣとは？

それでは、つぎに正反対の、おそらく、われわれにとっては最も望ましくないシナリオについて考えてみよう。インドが中国やロシアの側に傾斜し、印中ロのユーラシア連合、ないし同盟が形成される可能性だ。ＣＢＥＲとＰｗＣの予測にもとづくと、印中ロはＧＤＰでは２０３７年までに、軍事費ではやや遅れるだろうが、それでも２０５０年までには日米豪を上回る計算になる。もし印中ロが結束すれば、少なくともインド太平洋地域におけるアメリカを中心としたリベラルな秩序が、終焉を迎えるのは避けられないだろう。

じつはインドにとって、中ロとの連携は、日米豪とのそれよりも古くからのものだ。日米豪印によるクアッドの枠組みは、２００７年に試みられたものの、その後しばらく立ち消えとなり、ふたたび現れたのは２０１７年のことだった。外相会合は２０１９年、首脳会合は２０２１年以降の話だ。クアッドの起源を、２００４年のインド洋津波（スマトラ島沖地震）での４カ国のコア・グループとしての協力に求める議論もあるが、それはあくまでも災害という緊急事態のための対応にすぎない。

クアッドに対し、ロシア、インド、中国の頭文字をとったＲＩＣと呼ばれる３カ国の枠組みは、もともと１９９８年にロシアのプリマコフ首相が訪印した際に提示したものといわれる。多くのロシア専門家は、ロシアには、対米牽制とともに、台頭する中国の影響力を薄めるために、ユーラシアのもうひとつの大国、インドを取り込みたいという思惑があることを指摘する。ＲＩＣの枠組みは、２００２年から非公式の外相会合として動き出し、２００５年からは、３カ国が順番にホストを務めるかたちの会合が定例化された。定例化されてはいないが、最初の首脳会合も２００６年には行われている。

この経緯をみれば、インドがどういう場合に、中国、ロシアとの連携に傾斜する可能性が出てくるのかがわかる。ＲＩＣの本格化は、アメリカでブッシュJr.政権が、イラク戦争など、いわゆる単独行動主義的な傾向を強めた時期と符合する。このころのＲＩＣ外相会合後の共同声明文をみると、国際関係の民主化や公正な国際秩序の必要性、多極化を推進し、国連が役割を果たすことの重要性などが強調されている。要するに、超大国アメリカが、国連を経ず、国際協調を無視して他国に武力介入し、みずからの意志を押し付ける一極支配の世界を築くような動きに、インドは中ロとともにノーを突き付けたのである。

その後もトランプ政権がイラン核合意を一方的に破棄すると、インドはＲＩＣの枠組みで、多国間外交の成果を無駄にしないよう求めた。今後も、アメリカで単独行動主義、一極支配のような動きが出てくれば、インドがロシア、中国と歩調を合わせて反対する、という場面があるかもしれない。

「反米連合」？

中ロとの連携はＲＩＣだけではない。印中ロは、ブラジルと南アフリカをくわえた新興5カ国の枠組みであるＢＲＩＣＳ、また上海協力機構（ＳＣＯ）の中心メンバーでもある。前者は、いうまでもなく、Ｇ7のような、先進国が主導する既存の経済秩序に異議を申し立てるグループだ。新開発銀行の設立は、国際通貨基金（ＩＭＦ）や世界銀行に対する新興国側の不満の表れにほかならない。

２０２１年にインドが議長国となったＢＲＩＣＳ外相・首脳会合では、インドは新型コロナ・ワクチンを、世界貿易機関（ＷＴＯ）において「貿易関連知的所有権（ＴＲＩ

ウズベキスタンのサマルカンドで開催された上海協力機構（SCO）首脳会合。2022年９月16日撮影。ロイター／アフロ提供

PS）協定」の適用除外とするよう訴えた。こうした要求は、特許権をもつ先進国側にはとうてい受け入れられない。データ流通の自由化や農業保護、食糧備蓄などをめぐっても、インドはBRICSの枠組みを利用して先進国の主張に対抗している。WTOや国連気候変動枠組条約締約国会議（COP）、G20などの場で、先進国側が妥協せず、先進国vs.新興国の利害の対立構図が先鋭化すればするほど、インドにとってBRICSの意義は大きくなり、結果的に中ロとの連携も強化される。

後者のSCOは、もともと中国とロシア、中央アジアの国々で設立されたものだが、インドは、対テロ協力やエネルギー協力の枠組みとして、これに期待し、参画してきた。しかしこちらも、RICと同様、いやそれ以上に「反米連合」ではないかとみられてきたのも事実だ。ロシアのウクライナ侵攻を受けて開催された2022年の首脳会合は、西側のメディアから「権威主義国の集まり」といったレッテルが貼られた。「世界最大の民主主義国」を自任するインドとしては、面白いはずはない。序章で触れたように、このときモディ首相は、「民主主義が世界を動かす」とプーチン大統領へテレビカメラの前で「苦言」を呈した。ここには、「インドはロシア寄りだ」という西側のイメージを払拭しておきたいという思いとともに、インドはけっして権威主義国ではないという主張も込められている。

けれども、モディ政権下のインドが、中国やロシアと違って権威主義国ではない、とほんとうに自信をもって反論できるのかは、第1章でみたようにじつのところは疑わしい。一方的な政策決定、ムスリムをはじめとする国内のマイノリティ、ジャーナリスト、人権活動家、その他の反体制派への弾圧などは、日本ではさほどの関心を呼んでいないけれども、アメリカやヨーロッパでは深刻な問題として受け止められている。

たとえば、2019年にモディ政権がジャンムー・カシミール州の自治権を剝奪し、反対派を拘束したり、メディアを規制したりしたのを受けて、欧米の議会やシンクタンク、メディアからは厳しい批判の声があがった。すると、ジャイシャンカル外相は、「英語圏のリベラルなメディアは偏向し、事実を歪めている」とか、「インドの国内問題だ」などと強く反発した。これは中国やロシアが、「内政不干渉」をしばしばもち出して、自国の人権状況についての糾弾をはねつけようとするのとなんら変わらない。モディ政権下で「民主主義の後退」が進行し、欧米の考える「自由民主主義」との乖離が進むならば、インドにとって、口うるさい欧米よりも、人権に頓着しない中国やロシアと一緒にいるほうが心地よく感じる。そういったことも想定されるのだ。

西側先進国とインドとの亀裂が決定的なものになるならば、このシナリオもまったくありえない話ではない。けれども、インドとしては、なかなか受け入れがたい。なんといっても、インドにとって、伝統的友好国のロシアはともかく、中国は最大の警戒すべき仮想敵であり、脅威だからだ。その中国と組むということは間違いなく、中国に屈服し、彼らの秩序を受け入れることを意味する。そんな道をインドが喜んで選択したいはずはない。

「多同盟」の真の狙い

それでは、最も蓋然性の高いシナリオとはなにか？　それは、インドが一番望ましいと考える道だ。つまり、日米豪など西側か、中ロの側の「どちらか」という選択ではなく、「どちらにも」、そしてその他の国々にも関与しつづけるというシナリオである。そしてそれは、インドがこれまでとってきた路線の継続ということを意味する。

かつて冷戦期のインドは、「非同盟」路線をとり、アメリカとソ連のどちらのブロックにも属さず、「第三世界」のリーダーとして振る舞おうとした。米中接近後の国際情勢の変化のなか、1970年代以降のインドはソ連への傾斜を強めたが、公式には「非同盟」の看板を掲げつづけた。これに対し、2014年以降のモディ政権からは、「非同盟」という言葉はまったく聞こえてこない。モディ首相は、ネルーやインディラ・ガンディーが重視してきた非同盟諸国首脳会議にも出席していない。その代わりに、今日のインドでよく使われるのが、「戦略的自律性」とか、「多同盟」といった概念だ。

「戦略的自律性」というのは、2007年ごろから、マンモーハン・シン国民会議派政権で、自主独立外交の重要性、自国の利益の観点から主体的に行動できることの大事さを表す概念として用いられるようになったものだ。その後、当時の政権関係者も関わるかたちで2012年に発表された『非同盟2・0』という文書は、今日の不確実な世界においては、「戦略的自律性」の確保がなによりも重要だと強調している。ここでとくに注目を集めたのが、中国が脅威だからといって、安易にアメリカと関係を深めすぎることに、否定的な立場を示した点だった。アメリカに近づきすぎれば、支配─従属関係が構築され、モノがいえなくなってしまうと恐れたのである。

これに対して、モディ・インド人民党（BJP）政権は、「戦略的自律性」の重要性自体は受け継ぎながらも、だからといってアメリカなどと「距離を置く」、という従来の「非同盟」的発想からは脱却することを鮮明にした。2014年の総選挙の際のマニフェストでBJPが掲げたのが、「同盟網（web of allies）」の構築だった。端的にいえば、どの国とも積極的に付き合い、どの国とも戦略的パートナーシップ関係を拡大・深化させよう、というものだ。「非同盟」から「多同盟」への転換、などともいわれる。

ただ、党派を超えてどの政権にも共通するのは、自主独立外交のための「戦略的自律性」への強いこだわりと、特定の陣営に依存したりはしない、ということだ。それに、

「多同盟」といっても、英語ではmulti-alignmentであるから、日米同盟などのallianceとは異なる。ニュアンス的には、「多くの国との連携」といったほうが正確かもしれない。実際のところ、ジャイシャンカル外相は、「インドは同盟システムの一部になったことはないし、これからもないだろう」と述べている。かつてイギリスと、またドイツ、イタリアと、そして現在ではアメリカと同盟を結んできた日本人からしてみると、「インド人はそれで不安にならないんですか？」と疑問に思うだろうし、筆者もよく聞かれる。けれども、インドでは独立以来、特定の国との同盟を結ばないことが当然のこととされ、インド人はそのことに慣れているのだ。どういうことか？

筆者は、前著『新興大国インドの行動原理――独自リアリズム外交のゆくえ』のなかで、インド外交の根底にある基本的思考様式、いわばＤＮＡとして、大国志向、自主独立外交、アルタ（実利）重視のリアリズム（プラグマティズム）の3点を指摘した。インドという国は、世界において経済力、軍事力で取るに足らない存在でしかなかった時代でも、みずからを偉大な大国である（はずだ）とみなしてきた。そしてハードパワーの増大したいまこそ、その大国志向を真に実現する時が来たと考えている。モディ首相は、

「われれは世界のグル（指導者）に向かっている」といった発言を国内外で繰り返している。「世界大国になる」という意識のあらわれだ。

その世界大国化を果たすためには、アメリカや日本であれ、中国やロシアであれ、さまざまなパートナーとうまく付き合っていくのが最適だと考えられる。現在のインドの置かれた経済・政治、安全保障上の状況を踏まえると、重要なイシューの大半で価値や利害が一致するパートナーは存在しない。したがって、特定のパートナーだけに頼るのは得策ではないからだ。

具体的にみてみよう。アメリカとの戦略的パートナーシップを使えば、安全保障上の脅威である中国を牽制することができる。またテロを輸出するパキスタンにも圧力をかけられる。さらには、在米インド人の支援も受けてインドへの投資を呼び込み、経済成長につなげることも期待される。

けれども、西側先進国との関係だけでは、これから成長しようというインドにとって有利な通商・金融環境を創り出すことはできない。気候変動問題についても、アメリカなど西側先進国とは利害が対立する。人権などを理由にした内政干渉にもインドは反対の立場だ。じつは、こうしたところで期待できるパートナーが、中国ということになる。中国との連携を深めることで、新開発銀行やＡＩＩＢなどを設立して、途上国・新興国に有利な経済秩序の形成が期待できる。国家主権を重んじるよう国際社会に働きかけることもできる。

このように、特定の大国だけでなく、多くの国と連携を深めれば、戦略的自律性を損なわず、他国に従属せずに済むし、それぞれの国からそれぞれ異なる利益を引き出すことも可能になるのだ。

実利重視の伝統

マハトマ・ガンディーに代表されるような、道義を重んじる国、というイメージが強い方は意外に思うかもしれない。しかし、インド人は、じつは古代からこうした実利重視のプラグマティックな戦略文化に慣れ親しんできた。マウリヤ朝の宰相、カウティリヤの手によるとされる『アルタシャーストラ（実利論）』は、統治者が実利を徹頭徹尾追求し、それを確実に実現するためのさまざまな方策の重要性を説いている。この古典の意義については、ジャイシャンカル外相含め、インドの今日の外交実務家、研究者も繰り返し言及しているところだ。

つまり現在のインド人指導層が考えているのは、インドが世界大国となるために、既存の特定の大国の意向に左右されることなく、すべての国から実利を引き出すべく、プラグマティックに立ち回ることなのだ。ジャイシャンカル外相は、自著『インド外交の流儀』のなかでつぎのように述べる。

各国はイシューごとに関係を構築していかなければならなくなり、そうした状況下では、自国の進む道が一定ではなくなるという事態もよく起こるだろう。さまざまな選択肢を検討し、複数のパートナーに対するコミットメントを調和させていくには、高度なスキルが必要になってくる。多くの国と利益が重なることはあるだろうが、どの国とも考えが一致することはないだろう。力の結集地の多くといかに共通点を見出すかが、外交を特徴づけていくことになる。それをもっともうまくやってのける国が、同等のメンバーからなるグループのなかでもっとも問題が少ない存在になれる。

インドは可能な限り多くの方面と接触し、それによって得られる利益を最大化していく必要がある。

このことからもわかるように、インドとしては、「どちらか」の陣営に属するという道ではなく、「どちらにも」関与する、という現状がつづくことが望ましいと考えている。どちらとも、うまく渡り合って「いいとこ取り」をしたいのだ。

スイング国家たりうる前提条件

けれども問題は、それを可能にしてきた国際環境とはどんなものなのか、そしてその環境は今後も変わらないと考えてよいのか、という点である。

それは一言でいえば、インドという国を、どの国も必要としている、という環境だ。どこかの超大国がずば抜けた存在で、その超大国がなんでも好きなように他国にいうことを聞かせられる、といった一極支配の世界では、インドの有用性は高くない。ソ連崩壊直後の世界には、アメリカの一極体制が生まれたようにも思われた。しかし、21世紀に入ると、中国の台頭がアメリカの覇権を揺るがしはじめる。前述したように、2030年代のどこかで、中国がGDPでアメリカを上回り、軍事力でもアメリカの圧倒的優位が失われるかもしれないという見立てもでてきた。それでも、アメリカも中国も、一国では世界を牛耳ることはできない。

もちろん、両国を合わせれば他を圧倒する。万一、米中G2の「共同支配」が実現するようなことがあれば、やはりインドの有用性はなくなってしまう。しかし、近年の米中関係をみるかぎり、両国の対立はもはや不可逆的な潮流のように思われる。米中が和解して手を組む、というのは、ちょっと考えにくい未来だ。

そうなると、そのころに国力で世界の3番手につけているであろう、インドというカードは、アメリカも中国も、さらにインドに追い越された日本やドイツ、イギリス、フランス、ロシアも手札にくわえておきたいと考える可能性が高い。つまり多極の世界こそが、国際関係におけるインドの有用性を高める条件といえる。

実際のところ、この20年ほどの世界は、全体としていえば、インドの望むような多極化に向かった。アメリカの覇権はもはや絶対的なものではなくなったが、中国がアメリカの地位に取って代わったわけでもない。かつての栄光を夢見るプーチンのロシアは、ウクライナで無謀な戦いをはじめたが、アメリカと西側世界は、これを簡単に蹴散らすことができなかった。各国の国力が拮抗し、せめぎあいがつづく世界で、どの国にとっても、インドの戦略的価値が増大した。

これまでにインドは世界のすべての主要国、新興国と「戦略的パートナーシップ」関係を宣言し、関係を拡大深化してきたが、いずれもインドが頼んだのではなく、各国から「言い寄られた」、という印象が強い。どの国も交渉で大幅な譲歩をしてでも、インドを引き込むことに躍起になった。

民生用原子力協力をめぐる動きは、その典型だ。アメリカのブッシュJr.政権は、核拡散防止条約（NPT）未加盟のインドとの原子力協力を解禁するために、国内法を改正して2007年にインドとの2国間協定を結んだ。アメリカは、もしインドが再度核実験をした場合に協力を停止するとの文言を入れろという当初の要求を取り下げ、インドの使用済み核燃料再処理の権利さえ容認した。そのうえで翌年には、アメリカはこの協定を有効化するために、原子力供給国グループ（NSG）での国際ルールを変えるべく、必死で加盟国を説得した。このとき、加盟国のひとつである中国も、直前のインドとの首脳会談で「民生用原子力協力の推進」に合意し、インドを特例扱いするルール改正に最終的には反対しなかった。世界唯一の被爆国として慎重論の強かった日本も、NSGでインドの特例扱いに同意し、その後結局、アメリカと同様の2国間協定を締結することとなった。

こうした国際環境だからこそ、インドは、あるときにはアメリカや日本に、またあるときには中国やロシアに振り子のように揺れる「スイング国家」として振る舞い、いろんな国から利益を引き出すことができたのである。けれども、それが今後もつづくには、先述したいくつかの予測通りにインド自身が成長を果たすことが不可欠だ。万一、成長が停滞し、中国との格差が広がるようであれば、その前提が崩れる。というのも、そうなると中国はもはや、インドを取り込む必要性を感じなくなると思われるからだ。

「中国の世紀」下で

じつは、すでにその兆候が出てきているのではないかとの見方もある。第2章で触れた2020年のガルワン渓谷での衝突とその後もつづいた軍事対峙は、これまでの中国の行動様式とは異なっているように思われる節があるからだ。「アメリカ・ファースト」を掲げるトランプ大統領は、大幅な対中貿易赤字を問題視して、中国にいわゆる「貿易戦争」を仕掛けた。新型コロナの発生源と感染拡大をめぐっても、中国を厳しく非難した。このように米中対立が激化する状況下では、イラク戦争後のブッシュJr.政権期がそうだったように、中国はインドに宥和的な姿勢を取り、インドを引き寄せようとするのが通例だった。中国としては、アメリカとインドの両方を敵に回すのを避け、インドがアメリカとその同盟国に接近するのを阻止する狙いがあるためだ。

にもかかわらず、2020年に中国が起こしたインドへの軍事攻勢は、米中新冷戦とも呼ばれる状況下で起きた。中国はアメリカと喧嘩をしながら、インドとも喧嘩をしはじめたのだ。習近平指導部は、中国の国力に、これまでにない自信をもつようになっているのではないか。そんな観測もインド国内では聞かれる。たとえば、国際政治学者のハッピモン・ジェイコブは中国がアメリカからの圧力に耐えつつ、同時にインドにも圧力をくわえる手段をもっているぞ、というメッセージを伝える狙いがあるのではないかと論じた。

その後、バイデン政権下では、新疆ウイグル自治区や香港の人権問題、そして台湾との関係をめぐっても米中は対立を深めた。バイデン大統領は初めてのクアッド首脳会合、民主主義サミットなどを開催して、対中連携強化を図った。ところがそれでも、中国のインドへの強硬姿勢は変わらず、実効支配線での軍事対峙の解消をめぐる印中交渉でも、いっさい譲歩しようとしなかった。

いまや習近平指導部は、インドと協調する必要性を感じていないのかもしれない。それよりも、将来は中国の挑戦国となるかもしれない隣国に対し、いまのうちにみずからの秩序を強制しておくことが、「中国の世紀」を確固たるものにする。もし今後の中国でそういう発想と政策が支配的になるならば、「どちらにも」関与しつづけるインド外交は、行き詰まるだろう。

大国としての誇りと自尊心が強く、自主独立外交を重んじ、プラグマティックに国益を追求してきたインドとしては、もちろんそんな事態になるのは避けたい。そのためには、中国との現在の対立を、2国間交渉とクアッドなどとの連携を通じて、なんとか当面は「管理」することが基本戦略となる。そうして時間を稼ぎつつ、なるべく早く経済成長と軍事力の増強を実現する。そうして、みずからが米中に次ぐ、第3極としての地位にふさわしい国力を獲得していくことが、インドにとって望ましいシナリオの条件となろう。

慎重に、根気強く、管理する

さて、われわれとしては、どのシナリオの実現を目指すべきなのか？　一見すると、第1の日米豪印「同盟」構築が、最も魅力的なように映るかもしれない。4カ国が力を合わせれば、数字上は、2050年の世界においても、経済力でも、軍事力でも中国とロシアを上回り、十分対抗できる可能性が高いからだ。けれども、インド外交のDNAを考えると、よほどのことがないかぎり、インドが西側のそうした戦略に乗ることはないだろう。

他方で、インドを中国やロシアの陣営に追いやる第2のシナリオが最悪であり、絶対

インドは「グローバル・サウス」の代弁者として2022年末からのG20議長国を務めた。AP／アフロ提供

に回避すべきなのはいうまでもない。だからこそ、西側は、ロシアのウクライナ侵攻をめぐる立場の違いを事実上棚上げし、インドが制裁に加わらず原油購入を増やしても批判を控えた。けれども、今後もこのシナリオの可能性がなくなったわけではない。もちろん、インド自身もそれを望んでいるわけではないが、われわれがインドのような「グローバル・サウス」を犠牲にして、環境や食糧、エネルギー、貿易、知的財産権などのイシューで、先進国としての経済利益を追求しつづけたり、西側の人権観を強制したりするとすれば、この最悪のシナリオも現実味を帯びてくる。

その意味では、インドが、われわれの同盟国にも、中国やロシアの同盟国にもならないという第3の未来図は、現実的に考えれば、次善のシナリオといっていい。このとき、われわれにとってまず必要なのは、「どちらか」を選択せず、「どちらにも」関与するという、いまのインドの姿を受け入れるということになる。「われわれの側につくか奴らの側につくか」を迫らないということだ。

だからといって、それはなにもしないということではない。協力が期待されるイシューで連携を深める。どうしても折り合えないイシューについては、たとえ厄介だとしても、慎重に、根気強く議論し、相違点が決定的対立にならないように管理していく。そうすることで、われわれを欠かせない存在だとインド側に認識させ、引き寄せつづける努力が求められるだろう。最終章で詳しく考えよう。

終章

「厄介な国」とどう付き合うか？

ビジネスライクでドライな国

現時点でもそうだが、2030～50年代のインド太平洋地域と世界を見据えたとき、第3の大国に台頭するインドの動向がカギを握る。当のインド自身は、アメリカであれ、中国であれ、どの国のいいなりにもなりたいとは思っていない。世界のキャスティングボートを握る「スイング国」としての立場を利用して、各国から異なる利益を引き出すことで「世界大国」へ飛躍する戦略を望むだろう。われわれにとって一見、都合の良いパートナーに思えて、じつは非常に厄介な国だ。けれども、この地域と世界で、影響力を増すことが確実視されるインドを無視するわけにもいかない。万一、インドが中国に飲み込まれる、あるいは抱き込まれるような事態になれば、「自由で開かれたインド太平洋」、リベラルな秩序は崩壊する。そうならないようにするためには、われわれはインドとどう付き合っていくべきなのか？

これまでに述べてきたインドの特性を踏まえたとき、まず強調しておきたいのは、われわれもビジネスライクに徹することだ。インド人のなかに、義理人情とか、人間同士

安倍晋三元首相の国葬儀に出席したモディ首相。2022年９月27日撮影。ロイター／アフロ提供

の深い絆のようなものがまったくないとはいわない。モディ首相は、２０２２年７月に安倍元首相が凶弾に倒れたのを受け、すぐに「私の友人、安倍さん」と題する長文の追悼文を、数多くの思い出の写真とともに自身のブログに掲載した。さらに、日本政府主催の国葬儀にも出席し、安倍元首相の思い出を岸田首相に語ったときには、感極まって泣きそうになる場面もあったと伝えられている。

けれども、だからといってモディ政権の政策が、そうした個人的関係によって決定されてきたわけではない。モディ政権が安倍政権時代にとった一連の政策のなかには、安倍首相の意向に反するものはいくつもある。この間のインドは、中国主導のＡＩＩＢに参加し、ＳＣＯにも正式加盟する一方、クアッドの強化には——少なくとも２０２０年のガルワン衝突まで——否定的な態度を示しつづけた。極めつけは、安倍首相が旗を振り、インドの加盟が不可欠と呼びかけたＲＣＥＰ交渉から、モディ首相は土壇場で離脱を表明している。いずれも、インド自身の利害にもとづく判断なのだ。

インドには、アルタと称される実利の達成をなによりも重視し、そのためにプラグマティックに行動する戦略文化が根付いていることは第4章で述べた通りだ。そこでは、他者、他国との関係は、当然ドライなものにならざるをえない。永遠の友もいないし、全面的な友などもありえない。いま、利害を共にする相手と、協力できるイシューで協力していく。単純にいえば、それだけであり、それ以上のことが頭にあるわけではない。

仏教のつながりや、タゴールと岡倉天心、ボースと日本軍との協力、パール判事の日本無罪論などを論拠に、日本とインドは固い絆で結ばれている「はずだ」、といったロマンチシズムが以前は散見された。ナショナリストとしての安倍元首相自身のなかにも、そうした情緒的な前提は当初あったかもしれない。価値観を共有するアジアの民主主義国として、手を携えて中国に対峙できる、そういう発想だ。しかし、インドはそんなに簡単にわれわれの思い通りになるような都合の良い国ではなかった。第2期安倍政権になると、そうした甘い幻想は後退し、双方の利害がおおむね一致するイシューで粘り強く交渉する傾向が顕著になったように思われる。民生用原子力協力協定の締結や、ムンバイーアーメダバード間の高速鉄道への新幹線システム導入などは、その成果といえる。

インドが日本に期待していること

対米同盟を基軸とした先進国である日本と、戦略的自律性を維持するとともに、みずからを途上国、「グローバル・サウス」に位置づけるインドとのあいだで、そもそも利害がすべて一致するなどということはありえないし、多くの部分で一致するとすらいえないかもしれない。それでも、インドの現在、そして今後の影響力の大きさを考えれば、一致する部分を探して一緒に行動し、ウインウインの関係を創りだすことが求められるだろう。先に挙げた安倍－モディ時代の成果は、その可能性を示唆している。

そうなると、まず着手しなければならないのは、相手側がなにを望んでいるのかを正確に把握することだろう。この点で間違いなくいえるのは、安全保障面でアメリカが日本に対して果たしているような役割は、日本に対しても、アメリカに対しても、インドが期待しているわけではない、ということだ。

それは、戦略的自律性を重んじて同盟を忌避するがゆえの話だけではない。そもそも、アメリカや日本が、インドのために、中国やパキスタンとの陸上での戦いに命を懸けてくれるなどとは考えていないからだ。もちろん、ウクライナにアメリカが行ったような兵器供与や情報提供は、インドも期待しているし、実際に２０２０年以降の中国との軍事対峙のなかでも行われた。しかし、それ以上の協力は、ウクライナの事例をみても考えにくい。アメリカは１人の兵士も戦場に送っていなければ、ロシア本土の攻撃を可能とするような兵器の提供にも、慎重な姿勢を示しつづけた。バイデン大統領が吐露するように、ロシアとの直接の衝突は第３次世界大戦の勃発につながりかねないからだ。こうしたことを踏まえると、アメリカも日本も、中国との全面戦争につながるような戦いには、巻き込まれたいと思うはずがない。インドはそうみている。

もともと、インドが安全保障面で期待していたのは、われわれが2国間での、またクアッドでの連帯を示すことで、インドの敵対者を牽制し、侵略行為を、「政治・外交的に」抑止することだった。しかしこれまでもみてきたように、自信を深める習近平体制下の中国には、その効果はあまり期待できないかもしれない。そうすると戦争になる前に、兵器協力などを通じてインド自身の軍事力を高めることが必要になる。つまり、兵器の輸出や共同開発・生産を進めるということだ。けれども、この点ではロシアとも深く広い軍事協力をつづけているインドとの協力には、アメリカでさえ躊躇するところがある。日本の場合には、これにくわえて、憲法・法制度上の厳しい制約があり、きわめて難しい。

そうした事情は、インドも理解している。そのうえで、インドがクアッド、とくに日本に期待しているのは、非軍事分野での協力だ。インド外交研究者の溜和敏も指摘するように、インドはクアッドの「経済政策」としての側面に力点を置くようになっている。科学技術においても、近年の中国の伸張には目覚ましいものがあるとはいえ、「質の高いインフラ」など、日本の技術力は依然として高く評価されている。それに、中国が建設したスリランカのハンバントタ港が、結局「借金のカタ」に取られてしまったことをきっかけに、中国の「債務の罠」への警戒感が国際社会に広がった。そうしたなかで、返済可能で、透明性の高いインフラ支援を求める声があがっている。インドがクアッドや日本に期待するもののひとつとして、インドのみならず、周辺国に対しても、中国に依存しないようなインフラを提供してくれることが挙げられる。

具体的に進行しはじめたプロジェクトもある。インド北東部の開発だ。「鶏の首」でつながったインド北東部は、これまでとくにインフラの整備が遅れてきた。しかしこの北東部の諸州は、対中安全保障のみならず、通商上も、ミャンマーに接する要衝だ。日本は２０１７年から「日印北東部開発調整フォーラム」、「日印アクト・イースト・フォーラム」を発足させ、この地域の道路網の整備などを支援している。インドやバングラデシュと、東南アジア諸国連合（ＡＳＥＡＮ）各国とのコネクティヴィティ（連結性）を強めることは、「アクト・イースト」を掲げるモディ政権の望むところであるばかりか、ＡＳＥＡＮに多くの拠点をもつ日本企業にも利点が大きいとみられている。成長が確実視されるインドやバングラデシュを、市場としても、サプライチェーンとしても組み込みやすくなるからだ。

インフラと関連して、債務問題での協力も、日本やクアッドに期待するところは大きい。これからの話だけでなく、これまでに膨らんでしまったインド周辺国の多額の対中債務は、スリランカだけでなく、今後はモルディブなどでも経済危機を招くことが懸念されている。「債務の罠」にはまれば、その国への中国の影響力はますます強まる。そもそも「債務の罠」から各国を救い出さなければ、新たなインフラ支援などできるはずもない。2022年のクアッド首脳会合直後に開かれた岸田首相との個別会談で、モディ首相はスリランカ経済危機への対処での連携を要請したという。

これらにくわえ、とくにコロナ禍で起きた中国との軍事対峙以降、インドが強い関心をもつようになってきたのは、経済安全保障の観点から、いかにして中国に依存しないサプライチェーンを構築するかである。2020年、モディ政権は、生産連動型優遇策（PLI）を発表した。これは、医薬品、自動車、携帯電話、電子機器などの部品・完成品をインドで生産すれば、その生産高に応じて政府の補助金が企業に支払われる仕組みだ。投資を呼び込んで「メイク・イン・インディア」を実現するための具体策として注目されている。

その後、モディ首相は2022年のIPEF参加に際して、サプライチェーン強靭化を、信頼、透明性にもとづきできるだけ早く進めなければならないと強調した。モディ首相自身が掲げる「自立したインド」という目標のためには、脱中国のサプライチェーン構築は喫緊の課題と位置づけられており、その点での日本やクアッドの役割への期待は大きい。

世界の多くの企業は、コロナ禍で中国からの部品調達に苦労した。いまや中国依存のサプライチェーンの危険性は、世界でひろく共有されているように思われる。米アップル社は、iPhoneなどの製造を中国からインドに移しはじめた。一部では中国経済からの切り離し、いわゆるデカップリングがすでにはじまっている。日本企業にとっても、サプライチェーンの多元化は重要な検討課題となりつつある。PLIスキームなどを活用して、インドを生産拠点のひとつにくわえるかどうかを真剣に検討すべきときであろう。

このように国も企業も、双方の利害が一致するところで付き合っていく、プラグマティックな姿勢が、まず必要だろう。

首都デリーの衛星都市グルグラムにあるサイバーシティ。東芝やユニクロのロゴが見えるように、多くの日系企業が進出している

進出企業が注意すべきこと

ところが、インドに進出する日系企業の進出は2018年ごろから頭打ちの様相をみせている（図表24）。うまくいかず撤退した企業も出ている。前述した質の高い労働力確保の難しさだけでなく、カーストの存在や、労働や消費に対する考え方の違いなど価値観のギャップ、電力、水道、道路、港湾などのインフラの未整備も、その一因だろう。在留邦人数も、筆者がインドに駐在していた21世紀初頭に比べるとおよそ5倍にあたる1万人近くに増えたとはいえ、中国に暮らす邦人数と比べると10分の1、タイの8分の1にすぎないし、ベトナムや台湾の半分にも満たない。インドの経済規模からすると、物足りない水準だ。日本の企業、ビジネスパーソンがインド進出に躊躇していること、あるいはインドで苦戦していることがうかがえる。

この点では、インドとの利害の一致を追求するとはいっても、インドという国を、「ひとつの国」としてとらえないほうがいいだろう。日本とは違い、インドは広大な国土を有する。そして中国と比べると、宗教、民族、文化などの多様性はきわめて大きい。インド人というのは、同じ言葉を話し、同じ料理を食べ、同じ衣服を着るひとびとでは

図表24　インドに進出する日系企業数

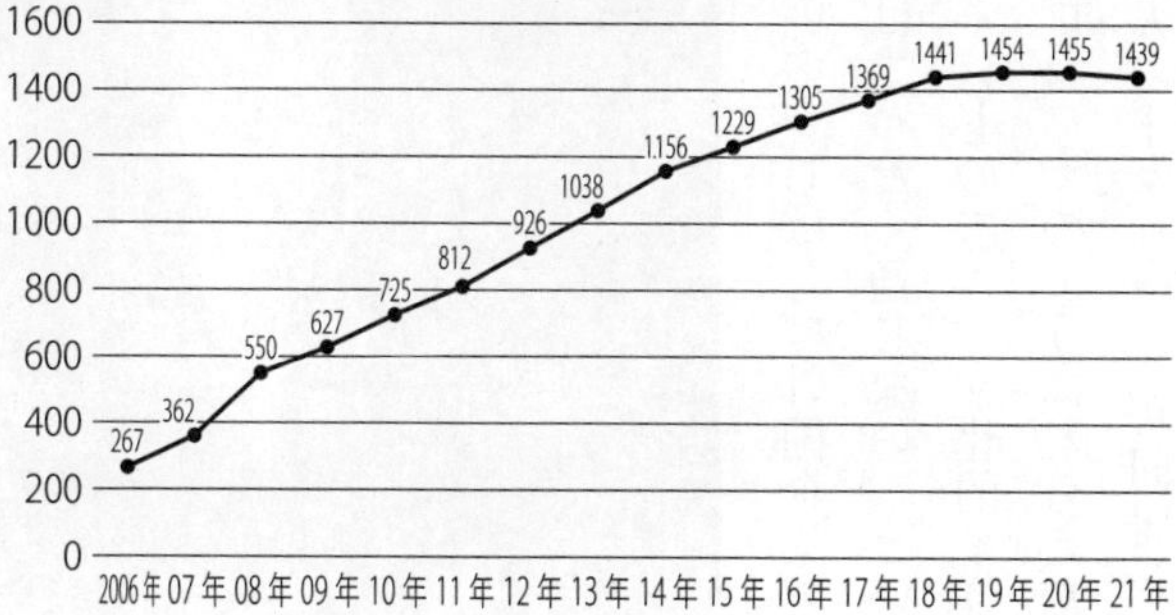

出所）　在インド日本大使館、ジェトロ「インド進出日系企業リスト」をもとに筆者作成

ない。

筆者は、初めてバックパッカーとしてインドを旅したとき、デリーからチェンナイまで、さらにチェンナイからコルカタまで、それぞれ車内２泊の列車旅を経験した。スピードが遅いとはいえ、ほんとうに広い国だということを実感した。それだけでなく、デリー、チェンナイ、コルカタはどれも大都市だが、街を歩く人の顔つきから、道路の標識に書かれている文字まで、同じ国とはまったく思えなかった。北東部では、日本人そっくりな人たちもいる。筆者自身、デリーを歩いていると、インド人から「マニプーリー？」（マニプル州の主要民族）と声をかけられたものだ。

さらにインドは、日本のような単一国家とは違い、連邦制を採用する国でもある。各州には、道路、水道、電気といった基礎インフラの構築や教育から、投資環境の整備・規制に至るまで、日本の都道府県ではおよそ考えられないほどの権限が与えられている。2017年にようやく「物品・サービス税（GST）」が導入されたが、それまでは間接税すら、州ごとに仕組みや税率が違っていた。こうしたことは、とくにビジネスにおいて、しばしば外国企業を困惑させてきた。あちらの州で通じたことが、こちらの州ではまったく通じない、というのはよく聞く話だ。

デリーは電線が入り乱れており、インフラの劣悪さがうかがえる

インドの広さ、文化的多様性、権限の分散状況を念頭におけば、インドはむしろ「ヨーロッパ」のようにとらえたほうがいいかもしれない。ドイツ人とフランス人、スペイン人、イタリア人が同居しているような国なのだ。「インドの投資環境はどうです

か？」とか、「インド人というのはどういう人たちですか？」といった質問を、筆者もよくビジネス関係者から受ける。そのたびに、「そういう発想自体をやめたほうがいいですよ」と答えることにしている。インドを一枚岩の国、ひとびととしてみないほうがよい。モディBJP政権が、イデオロギー的にそうした国を目指しているのは事実だが、それでもインドの多様性が消滅したわけではない。

グジャラート州のベジタリアン料理

実際のところ、モディが長年州首相を務め、その後もBJPの牙城となっているグジャラート州と、かつて左翼勢力が支配し、その後は地域政党の草の根会議派が政権を握る西ベンガル州では、食文化、インフラ事情、法制度まで、同じ国とは思えないほどの違いがある。グジャラート州は「停電のない州」として知られ、インフラは整っているが、禁酒（ドライ）州だし、ベジタリアン（菜食主義者）が圧倒的に多い。西ベンガル州に行くと、公共交通インフラなどの整備はまだまだだが、酒はオンラインでも買えるし、魚は多くのひとびとが口にし、牛肉さえ提供するレストランもある。この2州で、同じビジネスモデルが通用するはずがない。インド全土となると、当然のことながら、もっと違いは大きい。

インドへの進出を図ろうとするときには、この現実を認識したうえで、いかに利益を上げるかを考えることが必要となる。まずは、受け入れられやすい地域と分野を絞るということになるかもしれない。それでも、その積み重ねの結果として、すべての分野でないとしても、いくつか特定の分野では、日本がインドにとって唯一無二の存在、不可欠な存在とされる状況を創出できる可能性がある。インドがサプライチェーンの脱中国化を図ろうとしているいま、われわれにも食い込むチャンスは十分にある。

第3章で述べたように、2050年の世界では、日本のGDPはインドの4分の1にも満たなくなっているかもしれない。そうなったときには、インドと日本の交渉力は大きく変わってしまっているだろう。もはや、相手にされなくなっている恐れもある。総合的な国力では衰退に向かうことが避けられない日本にとっては、中長期的観点から、いまのうちにインドが日本を必要としつづける関係を、企業も国家も築いておくことが求められる。

文明の衝突というリスク

最後に、価値観をめぐる問題に、どう向き合うかを考えてみたい。もちろんいま述べたように、インド人といっても、いろいろな人がいる。しかし、第1章でみたように、日本人とインド人のモノの考え方を比べると、同じ「アジア人」とはとても思えないくらいの違いがある。それはともかくとして、インドが日本と同じ、「自由民主主義」体制の国といえるのかも怪しい。インドではさまざまな差別・格差が依然として解消されているわけではない。以前も、ダリトの問題を扱ったNHKスペシャルにインド側が激怒し、ニューデリー支局長のビザ更新が拒否されるということがあった。

しかし、いまはもっと深刻だ。モディ政権下での「ヒンドゥー多数派主義」、マイノリティ、市民活動、メディアの弾圧をみれば、もはや自由民主主義の制度そのものが破壊されつつあるのではないか、という疑いさえ出てくる。そこに切り込もうとした日本の某新聞社の特派員は、インド外務省のブラックリストに載っているなどという話も聞

デリーにあるスラム

く。

すでに論じたように、欧米はこのインドの現状を、自由民主主義からの逸脱として問題視し、外交レベルでも取り上げるようになっている。たとえば、2022年4月、ワシントンで印米外務・防衛閣僚会合（2プラス2）が開催されたとき、アメリカのブリンケン国務長官は共同記者会見で、「政府、警察、刑務所の職員による人権侵害の増加を含め、インドで起きている最近の出来事を、われわれは監視している」と、人権状況について、深刻な懸念を表明し、警告を発した。これは2プラス2会合前に、米議会で与党民主党所属の下院議員が、ムスリムへの差別的政策をつづけるモディ政権を痛烈に批判し、インドによりいっそう厳しい態度で臨むべきだとバイデン政権に迫ったことを受けての発言とみられている。

しかし、圧倒的な大国であるアメリカから、このように上から目線で説教されることに、インドのような誇り高い国が我慢できるはずはなかった。ブリンケン国務長官の発言を受け、カウンターパートのジャイシャンカル外相は、その翌日、「われわれも、アメリカを含め、他国の人権状況について独自の見解をもっている」として、ニューヨークでシク教徒が襲撃を受けた事件を念頭に、アメリカにも人権侵害があると言い返した。同様の反発は、国務省の人権報告書や、国際宗教自由委員会（USCIRF）報告書などが出るたびにみられる。

かつてインドを植民地支配したイギリスをはじめ、ヨーロッパ各国、欧州議会なども、モディ政権下でのカシミール問題やムスリム差別、ウクライナ侵攻後のロシアに対する宥和的姿勢などに批判的な声をあげてきた。しかしこちらについても、インドは道義的に上から目線で言われているように感じているようだ。2023年初め、英BBCは、2002年のグジャラート暴動に、当時州首相だったモディが関与したかについての検証番組を放映した。そうすると、モディ政権は「植民地主義思考だ」と反発するとともに、番組を視聴できるYouTubeやツイッターをことごとくブロックした。さらにインド国内のBBC支局に対し、大規模な税務捜索まで実施してみせた。ジャイシャンカル外相らの発言からは、「ヨーロッパ中心主義」的な発想への反発がうかがえる。

モディ首相も、「われわれは民主主義の母」といってはばからないように、インドにはインドの自由民主主義観があるのであり、それを押し付けられるいわれはないと反発する。「大国」として自尊心の強いインドに対して、欧米の価値観が普遍性をもつものだとして説教し、強制しようとするならば、利害の一致点を模索する努力はどこかに吹き飛んでしまい、価値観をめぐる「文明の衝突」に至ることになるとしても不思議ではない。そうなれば、クアッドを含め、自由民主主義の連携など、霧散してしまうだろう。

日本は傍観者でいいのか？

そのような事態を避けるためにはどうすればよいのか？　ひとつの賢明な答えは、価値観をめぐる問題には触れない、見て見ぬふりをするというものかもしれない。それは実際、日本がとっている路線だ。その背景としては、日本では、欧米と違い、インドの人権問題に対する社会的関心がきわめて低いことがあるだろう。日本のメディアは、中国のチベットや香港、新疆ウイグル自治区での人権侵害や、民主化運動指導者、新型コロナ規制に反対する市民への弾圧などはしきりに取り上げる。ところが、インドでも、類似のことが起きているということはほとんど報じられない。たとえば、インドのカシミール地方や北東部に、「軍特別権限法」が適用され、治安部隊の暴力が容認されてきたこと、BJPが政権を握る南部カルナータカ州では、ヒジャブ（ムスリム女性の頭を覆うベール）を着用した女子生徒の登校が禁じられるような露骨なムスリム排除の動きが進んでいることなど、どれだけの日本人が知っているだろうか？

BBCのドキュメンタリー「インド・モディ問題」が街頭で上映されるも、当局に阻止された。AFP／アフロ提供

　これらのニュースは、じつのところ、CNNやBBCでは大きく扱われている。どちらが卵か鶏かという問題はあるが、欧米では、メディアも世論も、中国であろうが、インドであろうが、人権侵害を含め、自由

民主主義に反するような現象には、高い関心を示す。対照的に日本では、友好国であるはずのインドで起きている陰の部分には、メディアも世論もあまり関心を寄せないように思われる。

先に述べたように、インド側の圧力にもかかわらず、使命感をもって報じようという日本人記者もいないわけではない。しかし、それが実際に記事になることは多くない。日本の読者や視聴者には、「受けの良くない」ニュースと判断されているようだ。その結果として、英語のニュースに触れない日本人の多くは、インドの現実を知らないまま、中国に対抗するためにインドと連携すべきだという議論を単純に受け入れてしまう。このような状況だからこそ、米議会やブリンケン国務長官とは違い、日本の国会議員も、外相や首相も、インドの人権問題をあえて取り上げて問題視する必要性を感じないのではないか。

問うべきは、ほんとうにそれでよいのか、ということだ。もちろん、外交的には、価値観をめぐるセンシティヴな問題に触れなければ、インド側と面倒な摩擦を引き起こす心配をせずに済む。友好関係を維持しながら、ひたすら共通の利益だけを追求することができる。けれども、それでは「自由で開かれたインド太平洋」の理念は、絵に描いた餅となる。

もしモディ政権下のインドの実態が、ますます自由民主主義から乖離していくとすれば、いくらインドとの連携を強化したからといって、中国やロシアのような非民主主義体制への牽制にはまったくならなくなってしまうだろう。東南アジアでも、タイ、カンボジア、ミャンマーなどで軍事政権や一党支配の傾向がみられる。そうしたなかで、インドも、ということになると、インド太平洋地域の主流派が、自由や人権、民主主義を軽視、あるいは否定する国で占められてしまう恐れも否定できない。

そんな事態が、外交・安全保障上だけでなく、ビジネスにおいても望ましいことであるはずはない。ビジネスでは昨今、ＥＳＧ（環境・社会・ガバナンス）の重要性が叫ばれるなか、いまやどの企業にとっても、人権に無関心でいることは許されなくなりつつある。最近では、日本のユニクロの綿製品が、中国の新疆ウイグル自治区での強制労働によって生産された原料で作られているのではないかとして、国際的批判を浴びた。インドの人権状況も、中国とさして変わらないということになれば、各企業はインドに生産拠点を移しても、同様のリスクを背負うことになる。

そうであれば、日本としても、インドをできるかぎり自由民主主義の理念型に引き戻す役割を果たさねばならないだろう。無関心と沈黙をつづける傍観者であってはならない。それはもちろん簡単なことではない。けれども、この点で、日本には欧米にはない強みがある。日本はアメリカのような世界を牛耳る超大国ではないし、その野心も（そして能力も）ない。それに、ヨーロッパのようにインドを支配した歴史もない。むしろ、かつてヨーロッパ列強に抗したアジアの雄とみられている。そうした日本から発せられる言葉であれば、誇り高きインドのひとびとも、真摯に受け止めてくれる可能性はある。

それでも大事なのは、インドに「説教」し、われわれの価値観を「強制」するような態度をとらないことだ。少なくとも、モディ政権下のインドも、自由や人権、民主主義の看板を下ろしたわけではない。独立以来、「世界最大の民主主義国」として、一貫して、公正な選挙による市民の政治参加が行われてきた国であることは紛れもない事実だ。そうした看板と歴史をまず認め、称賛する。そのうえで、今後もその看板と歴史に恥じない行動をともにとっていこうと呼びかけるべきだろう。企業としても、インドの必要とする分野に食い込み、みずからの製品や技術をインド側に欠かせないものと思わせるとともに、その強みを活かしつつ、ビジネスと人権が不可分であることを伝える必要がある。そうでなければ、価値観の相違に目を向けず、利益だけを追求してきた中国での失敗の二の舞になりかねない。

インド太平洋の未来のために、価値観をめぐる問題についても、なにもいわないのではなく、躊躇せず、対等な友人として、率直に意見交換をはじめていくことが求められている。

あとがき

２０２０年代は、未来の歴史書に確実に刻まれる危機で幕を開けた。世界のどこに住んでいようとも、猛威を振るう新型コロナウイルスの恐怖から免れることはできなかった。暮らしは一変した。外出が禁止・制限されるか、自粛を余儀なくされ、その後もマスク生活が当たり前になった。企業は在宅勤務への切り替えを図ったものの、出勤がなければ成り立たない工場は、軒並み操業停止に追い込まれた。その結果、サプライチェーンはズタズタになり、世界の景気は大幅に後退した。各国政府は感染拡大をなんとか食い止めようと水際対策を強化したり、「緊急（非常）事態」を宣言し、ワクチンや治療薬の確保に奔走した。さらには、多額の公金を支出して景気を下支えしようとした。

インドももちろん、例外ではなかった。２０２０年3月、筆者はデリーへの調査出張を予定していた。出発直前の3月3日夕刻、インド政府は日本人への発給済み査証（ビザ）の即時無効化を突如発表した。その後、すべての外国人の入国を禁じ、さらには長期にわたる全土封鎖（ロックダウン）に突入した。デリーやムンバイなど大都市の出稼ぎ労働者の多くは職を失い、路頭に迷ってしまった。経済へのダメージは甚大で、同年の成長率はマイナス6・6パーセントに落ち込んだ。

感染拡大が収まらないなかで、インドがその一角を占めるユーラシア大陸では、地政学的な危機が相次いだ。2020年6月、印中両軍は係争地のガルワン渓谷で衝突し、その後も軍事的対峙をつづけた。21年には、インドの近隣国で政変が起き、ミャンマーでは軍政が、アフガニスタンではタリバンがふたたび権力を握った。極めつけは、インドの長年の盟友、ロシアがはじめた22年2月からのウクライナ戦争だ。西側先進国がロシアの侵略行為を厳しく非難し、結束して経済制裁を科すなか、インドはそれにけっして追随しようとはしなかった。

「やっぱり、インドはよくわからない国ですね」「インドはどうしたいんですか？」以来、そういった感想や質問を、メディア、企業関係者、また一般市民から何度もぶつけられた。インド研究者仲間も、同様の体験をしたと教えてくれた。そのたびに、「いや、インドの行動は、もちろん擁護できませんが、われわれ専門家からみると、当然で、まったく不思議なことではないんですけれど……」と内心思う。そして、「それだけ、インドという国が知られていないんだな」と痛感しながら、わかってもらえるように解説する努力をつづけてきた。

前著『新興大国インドの行動原理——独自リアリズム外交のゆくえ』は、インド外交の根底にあるDNAと、対外政策を決定づける内外の構造的要因を論じたものとして、それなりに評価をいただいた。他方で、多くの一般の読者からは、「先生の本を読んで、インドは一筋縄ではいかない複雑な国ということはわかったんですが、どうしてこういう国と付き合わなきゃいけないんですかね」といった感想もいただいた。これこそが、本書を書こうと思い立った原点である。

自由や民主主義を標榜しながら、依然としてカースト制の影響が残り、女性、ムスリムへの差別がはびこり、報道の自由なども保障されているのかが怪しい国。ウクライナ戦争では、権威主義的なプーチンのロシアを批判せず、そこから兵器だけでなく、安くなった原油まで買いつづける国。政府やメディアは、「価値と利益を共有するパートナー」などと喧伝するけれども、とてもそうは思えない現実がある。

本書のひとつの狙いは、インドとわれわれとのあいだの「違い」から目を背けず、どこにどんな違いがあるのかを明らかにすることにあった。そのうえで、じつは価値でも利益でもわれわれとはずいぶん違いがある「厄介な国」と、なぜ付き合わなければならないのか、という素朴な問いに対する回答を、近未来の勢力予測図でもって、わかりやすく描くことを試みた。われわれにとって、厄介だけれども、必要な国としてのインドとどう向き合うかという、外交やビジネス関係者の問いに対しても、自分なりの見解を提示したつもりだ。

「まえがき」でも触れたように、インドは多くの日本人を惹きつけてきた国だ。しかし、実際にこの国を訪れた人は、「大好きになるか、大嫌いになるか」に二分される、とよくいわれる。まるで怒鳴りあうかのような喧噪、街のむっとした匂い、堂々と行列に割り込む人や車、路上に散乱するゴミ、放置された弱い立場のひとびと……。「なんでもあり」で、自分の抱いてきた価値観との違いを受け入れられる人と、そうでない人との差が大きいのではないかと思う。

「先生はインドが好きでしょう?」とよく聞かれる。「いや、好きでも嫌いでもないですよ」。たいていは、そう答えてきた。それは、研究者たるもの、対象地域を客観的にみつめようとする姿勢が大切だ、という理性からであり、実際、そうありたいと思ってはいる。でも同時に、好きでなければ研究など、絶対につづけられない、というのもたしかだろう。その魅力はなんなのか、自問してみると、日本社会にはない多様性とか、解放感のようなものに惹かれているのかもしれない。インドにやってくるたび、いろんな束縛から自由になったという感覚になれる自分がいる。

他方で、絶対に好きになれない、受け入れられないインドもある。自由や人権のあからさまな侵害、それを放置する社会だ。そしてその懸念は、現在のモディ政権下で強まっている。インドが、対中戦略上、われわれにとっていくら重要な国だとしても、そんなことを黙認すべきではない。間違いなく巨大なパワーを有する国になるインドが、自由民主主義の理念から逸脱し、「第2の中国」となるならば、インド太平洋地域の秩序はどうなってしまうのだろうか？　強い不安を抱かざるをえない。

本書の発想は、これまでに筆者が重ねてきた多くの方々との対話にその多くを負っている。学界の同業者だけではない。外交や安全保障の実務家、メディア、企業関係者、学生、市民の皆さんからは、講演や取材、講義のたびに、鋭い質問や新鮮な感想をいただいてきた。それは、自分のなかで「わかっているつもり」だったことを、あらためて考え直すのに大いに役立った。インドの政治や外交の研究者は、たとえば中国やロシアについての研究者と比べると圧倒的に少数派で、知の蓄積が進んでいない。にもかかわらず、インドの戦略的重要性だけが叫ばれている。だからこそ、この「謎の国」について、狭い専門家サークルのなかだけの議論にとどまらず、社会にわかりやすく伝えていくことが必要なのではないか。

そうした筆者の問題意識を強く後押ししてくれたのが、中央公論新社の黒田剛史さんだ。前著を世に出してから、有り難いことに複数の出版社から、新書として一般向けに書かないかというお話をいただいたが、黒田さんほど熱心に誘ってくださった方はいない。現代インドが抱える負の部分も書くというのは、正直なところ躊躇もあり、勇気のいることではあったが、ステレオタイプのインド観を覆すことに賛同する彼の言葉に支えられた。

そして、一市民として、ウクライナ戦争をめぐるインドの立場に関するニュースを見て、「やっぱりインドはわからん！」と、憤慨するメッセージを送ってきた広島の母にも、理解してもらえるような本を意識して書きはじめた。ところが、その母が、執筆の最終段階で交通事故に遭ってしまった。幸い一命はとりとめたものの、脳に後遺症が残ることは避けられないだろうと一時は覚悟した。1カ月半の入院・リハビリ生活を経て、いま奇跡的な回復をみせてくれている。少しずつだが、新聞なども読めるようになってきた。そんな母に、まず本書を届けようと思う。

2023年3月——3年半ぶりのデリーにて

伊藤　融

主要参考文献

新聞・雑誌・インターネットに掲載された論考、学術論文については、とくに本文で触れているものだけを記載している。さらに、現代インドを理解するのにとくに有益な日本語の入門的書籍については、冒頭に＊を記した。

安倍晋三『美しい国へ』文藝春秋、２００６年

＊池亀彩『インド残酷物語――世界一たくましい民』集英社、２０２１年

伊豆山真理「インドはなぜロシア非難決議に棄権するのか」『ＮＩＤＳコメンタリー』２０２２年3月31日

＊伊藤融『新興大国インドの行動原理――独自リアリズム外交のゆくえ』慶應義塾大学出版会、２０２０年

カウティリヤ（上村勝彦訳）『実利論――古代インドの帝王学（上）（下）』岩波書店、１９８４年

笠井亮平『モディが変えるインド――台頭するアジア巨大国家の「静かな革命」』白水社、

2017年
マハトマ・ガンディー（森本達雄訳）『わたしの非暴力』新装合本版、みすず書房、2021年
近藤則夫『現代インド政治――多様性の中の民主主義』名古屋大学出版会、2015年
櫻井よしこ・国家基本問題研究所編『日本とインドいま結ばれる民主主義国家――中国「封じ込め」は可能か』文藝春秋、2012年
*佐藤隆広・上野正樹編著『図解インド経済大全――政治・社会・文化から進出実務まで』白桃書房、2021年
佐橋亮『米中対立――アメリカの戦略転換と分断される世界』中央公論新社、2021年
アマルティア・セン（大石りら訳）『貧困の克服――アジア発展の鍵は何か』集英社、2002年
溜和敏「インドにとってのクアッド――日本からの視点」『nippon.com』2022年7月27日
竹中千春『ガンディー――平和を紡ぐ人』岩波書店、2018年
中根千枝『タテ社会の人間関係――単一社会の理論』講談社、1967年
中溝和弥『インド 暴力と民主主義――一党優位支配の崩壊とアイデンティティの政治』東京大学出版会、2012年

湊一樹「ワンマンショーとしてのモーディー政治――インド総選挙での与党の圧勝と政治プロパガンダ」『IDEスクエア』、2019年8月
平林博『最後の超大国インド――元大使が見た親日国のすべて』日経BP社、2017年
広瀬崇子「中印国境問題をめぐるネルー外交の論理――1950年代インド非同盟外交に関する一考察」『アジア経済』22(2)、1981年、44～60頁
広瀬崇子・南埜猛・井上恭子編著『インド民主主義の変容』明石書店、2006年
広瀬公巳『インドが変える世界地図――モディの衝撃』文藝春秋、2019年
堀本武功『インド――グローバル化する巨象』岩波書店、2007年
堀本武功『インド　第三の大国へ――〈戦略的自律〉外交の追求』岩波書店、2015年
*堀本武功編『現代日印関係入門』東京大学出版会、2017年
*堀本武功・村山真弓・三輪博樹編『これからのインド――変貌する現代世界とモディ政権』東京大学出版会、2021年
Nayanima Basu, "Covid-19 Different from Tiananmen, China Won't Be Able to Tide over Crisis: Ex-NSA Menon," *The Print*, May 7, 2020.
Brendon J. Cannon and Kei Hakata (eds.), *Indo-Pacific Strategies: Navigating Geopolitics at the Dawn of a New Age*, Routledge, 2021.（墓田桂監訳『インド太平洋戦略――大国間競争の地政学』中央公論新社、2022年）

Angana P. Chatterji, Thomas Blom Hansen and Christophe Jaffrelot (eds.), *Majoritarian State: How Hindu Nationalism Is Changing India*, HarperCollins, 2019.

Isaac Chotiner, "Amartya Sen's Hopes and Fears for Indian Democracy," *The New Yorker*, October 6, 2019.

Happymon Jacob, "In Himalayan Staredown, the Dilemmas for Delhi," *The Hindu*, June 4, 2020.

Happymon Jacob, "The Anatomy of India's Ukraine Dilemma," *The Hindu*, Feb. 28, 2022.

Subrahmanyam Jaishankar, *The India Way*, HarperCollins Publishers, 2020.（笠井亮平訳『インド外交の流儀——先行き不透明な世界に向けた戦略』白水社、２０２２年）

Rajni Kothari, *Politics in India*, Orient Longman, 1970.

M. K. Narayanan, "Remaining Non-aligned Is Good Advice," *The Hindu*, June 16, 2020.

Jagannath Panda, "India's Stance on the 'Asian NATO': Between 'Status' and 'Security' Dilemmas," *Strategic Analysis*, 46 (1), 2022, pp.1–17.

Harsh Pant, "The China Challenge: In the Evolving Geopolitical Dynamic after Covid, India Should Side with Democracies," *The Times of India*, June 15, 2020.

Arundhati Roy, "The Damage to Indian Democracy Is Not Reversible," *CNN*, June 22, 2022.

Shyam Saran, *How India Sees the World: Kautilya to the 21st Century*, Juggernaut, 2017.

Amartya Sen, "Modi Won Power, Not the Battle of Ideas: The Hindu Nationalists Were

Victorious. What Does That Say about India?" *The New York Times*, May 24, 2019.

〔本書にとくに関連する著者の論文・論考〕

「戦略的岐路に立たされるインド――新型コロナ対応と中国の攻勢」『国際情報ネットワーク分析 IINA』2020年6月25日

「長期化するインドと中国の対立――日米豪印連携の行方」『国際情報ネットワーク分析 IINA』2020年8月24日

「コロナ禍の印中国境対立――インドの視点」『東亜』641号、2020年11月、10～17頁

「インドのコロナ危機と問われるクアッドの意義」『国際情報ネットワーク分析 IINA』2021年5月18日

「インドのメッセージを読み解きクアッド強化へ道を拓け」『Wedge』33（6）、2021年6月号、74～76頁

「アフガニスタン急展開の挑戦を受けるインド――タリバン支配による環境変化にどう対処するか?」『国際情報ネットワーク分析 IINA』2021年9月1日

「アフガニスタン情勢とインド」『現代インド・フォーラム』52号、2022年冬、10～18頁

「『盟友』ロシアのウクライナ侵攻に苦悩するインド」『国際情報ネットワーク分析 IINA』2022年3月24日

「国連対ロ非難決議にみる『大陸国家』インドの苦悩」『外交』72号、2022年3月、58～61頁
「クアッドを対中経済連携に引き戻したインド――外交的成功と今後の課題」『国際情報ネットワーク分析 IINA』2022年6月16日
「揺れるスリランカをめぐるインドと中国の影響力争い――クアッドは役割を果たせるか?」『国際情報ネットワーク分析 IINA』2022年8月19日
「『選択』を避けるインドの展望――ロシア・ウクライナ戦争でも貫かれる『戦略的自律性』」『東亜』664号、2022年10月、10～17頁
「ロシアのウクライナ戦争をめぐるインドの一貫した立場と今後」『国際情報ネットワーク分析 IINA』2022年11月30日
「『四面楚歌』で行き詰まるインドの伝統的外交――なぜロシアに配慮するのか?」『中央公論』2023年1月号、94～101頁

ラクレとは…la clef=フランス語で「鍵」の意味です。
情報が氾濫するいま、時代を読み解き指針を示す
「知識の鍵」を提供します。

中公新書ラクレ
793

インドの正体《しょうたい》

「未来《みらい》の大国《たいこく》」の虚《きょ》と実《じつ》

2023年 4 月10日発行

著者……伊藤《いとう》 融《とおる》

発行者……安部順一
発行所……中央公論新社
〒100-8152 東京都千代田区大手町 1-7-1
電話……販売 03-5299-1730　編集 03-5299-1870
URL https://www.chuko.co.jp/

本文印刷……三晃印刷
カバー印刷……大熊整美堂
製本……小泉製本

Published by CHUOKORON-SHINSHA, INC.
Printed in Japan　ISBN978-4-12-150793-8　C1225

中公新書ラクレ　好評既刊

L737
分断のニッポン史
――ありえたかもしれない敗戦後論
赤上裕幸 著

災害、感染症、格差……いま各所で「分断」が叫ばれる。だが歴史を遡ると、敗戦直後には国が分割される恐れが実際にあり、分断統治や架空戦記を描いた小説・マンガが人気を博してきた。欧米ではこうした「歴史のif＝反実仮想」の歴史学は重要な研究として認知されてきたが、本書は国内の研究では数少ない試みである。さらに震災等による列島分断を描いた未来小説も検証。最悪のシナリオを描いた作品群から、危機克服のヒントを学ぶ。

L774
オックスフォード大教授が問う 思考停止社会ニッポン
――曖昧化する危機言説
苅谷剛彦 著

日英を往復する著者は、コロナ禍とウクライナ情勢に対する日本の反応に危機感を覚えた。「鎖国」「自粛」「平和ボケ」といったキーワードで「わかったつもり」に陥っているからだ。従来の日本文化論的思考では、「空気」や「同調圧力」といった言葉で説明・納得し、思考停止してしまう。そのため議論が中途半端に終わり、素朴な二項対立に終始しがちとなる。まずは、私たちの「思考の習性（クセ）」を知ろう。日本の宿年の課題を徹底検証。

L785
防衛省に告ぐ
――元自衛隊現場トップが明かす
防衛行政の失態
香田洋二 著

2020年、イージスアショアをめぐる一連の騒ぎで、防衛省が抱える構造的な欠陥が露呈した。行き当たりばったりの説明。現場を預かる自衛隊との連携の薄さ。危機感と責任感の不足。中国、ロシア、北朝鮮……。日本は今、未曽有の危機の中にある。ついに国防費はGDP比2％に拡充されるが、肝心の防衛行政がこれだけユルいんじゃ、この国は守れない。元・海上自衛隊自衛艦隊司令官（海将）が使命感と危機感で立ち上がった。